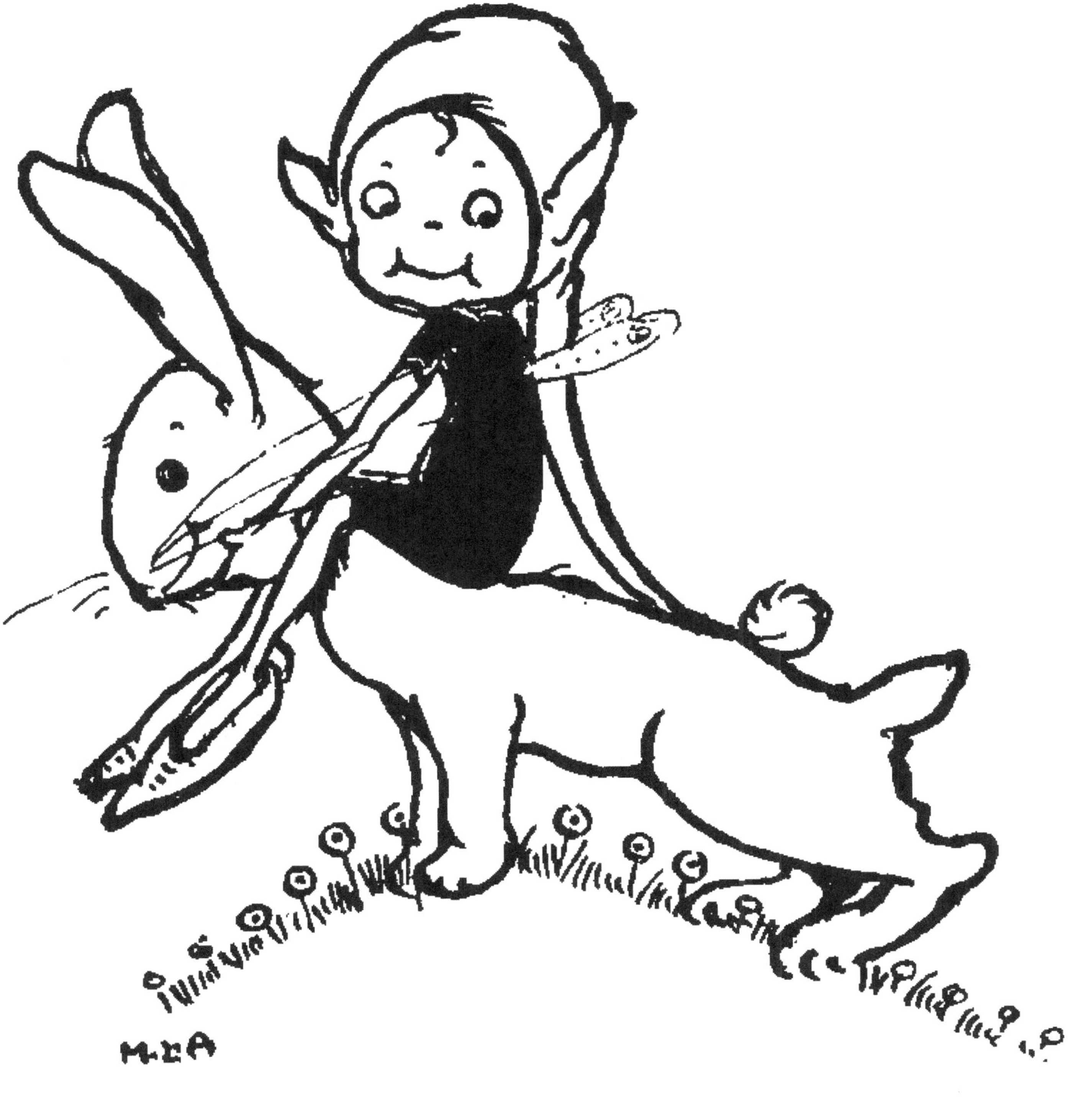
M.L.A

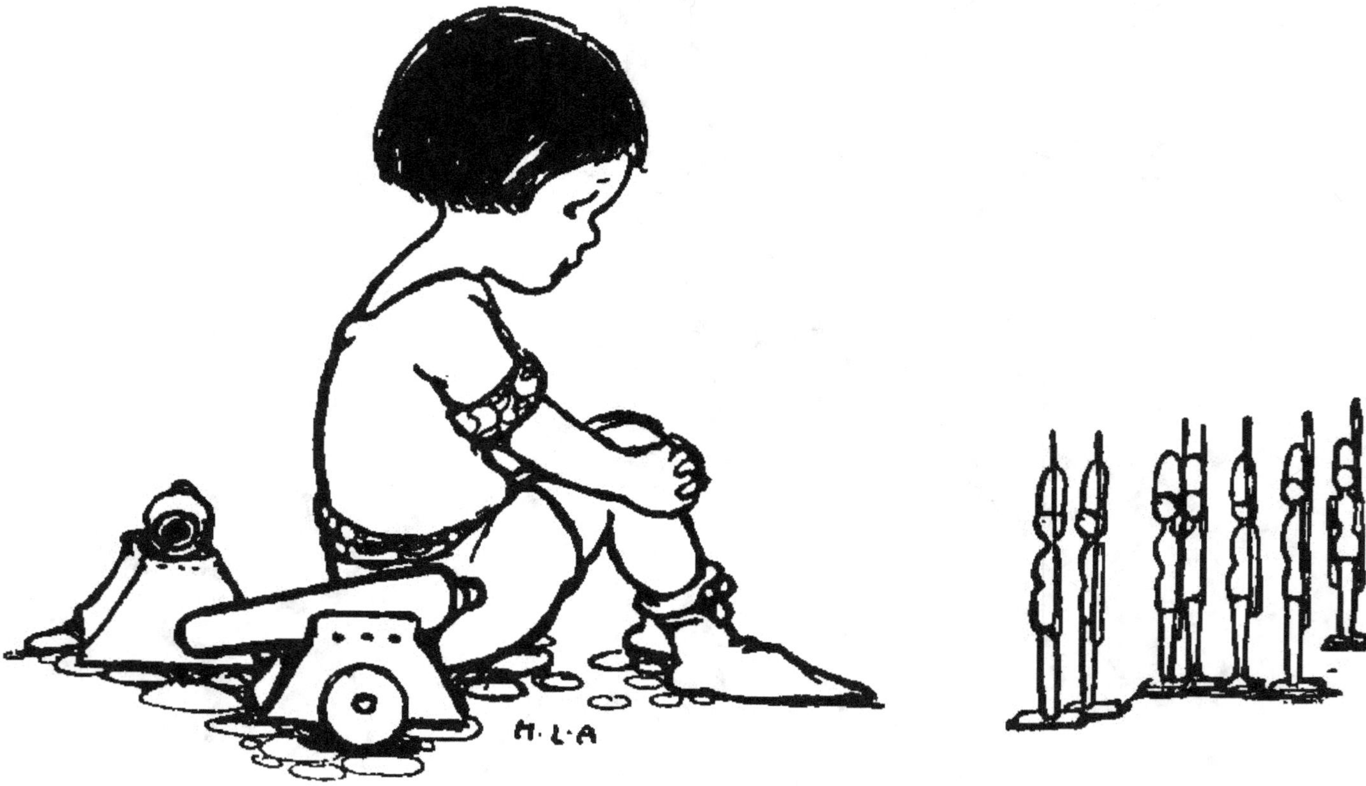
H·L·A

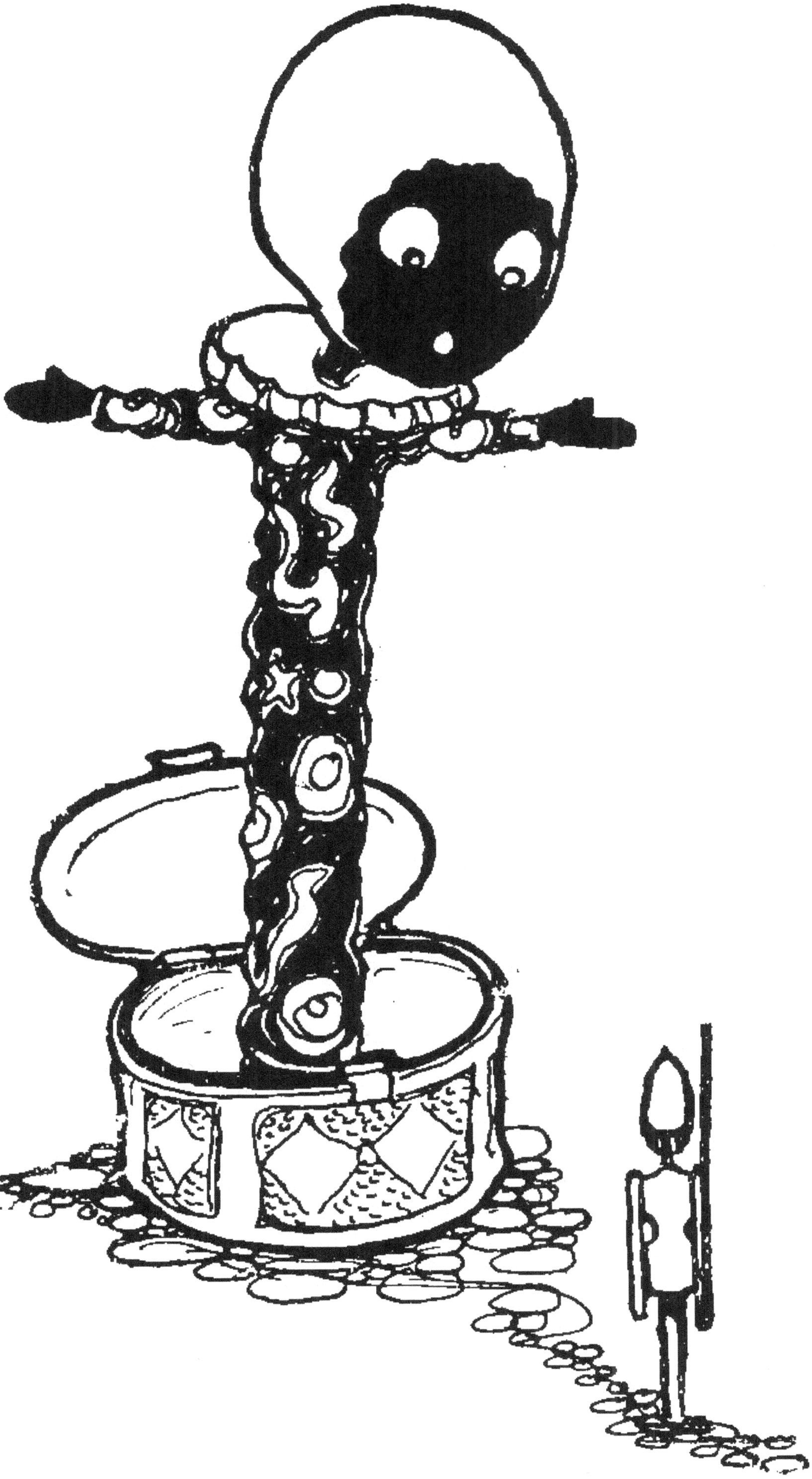

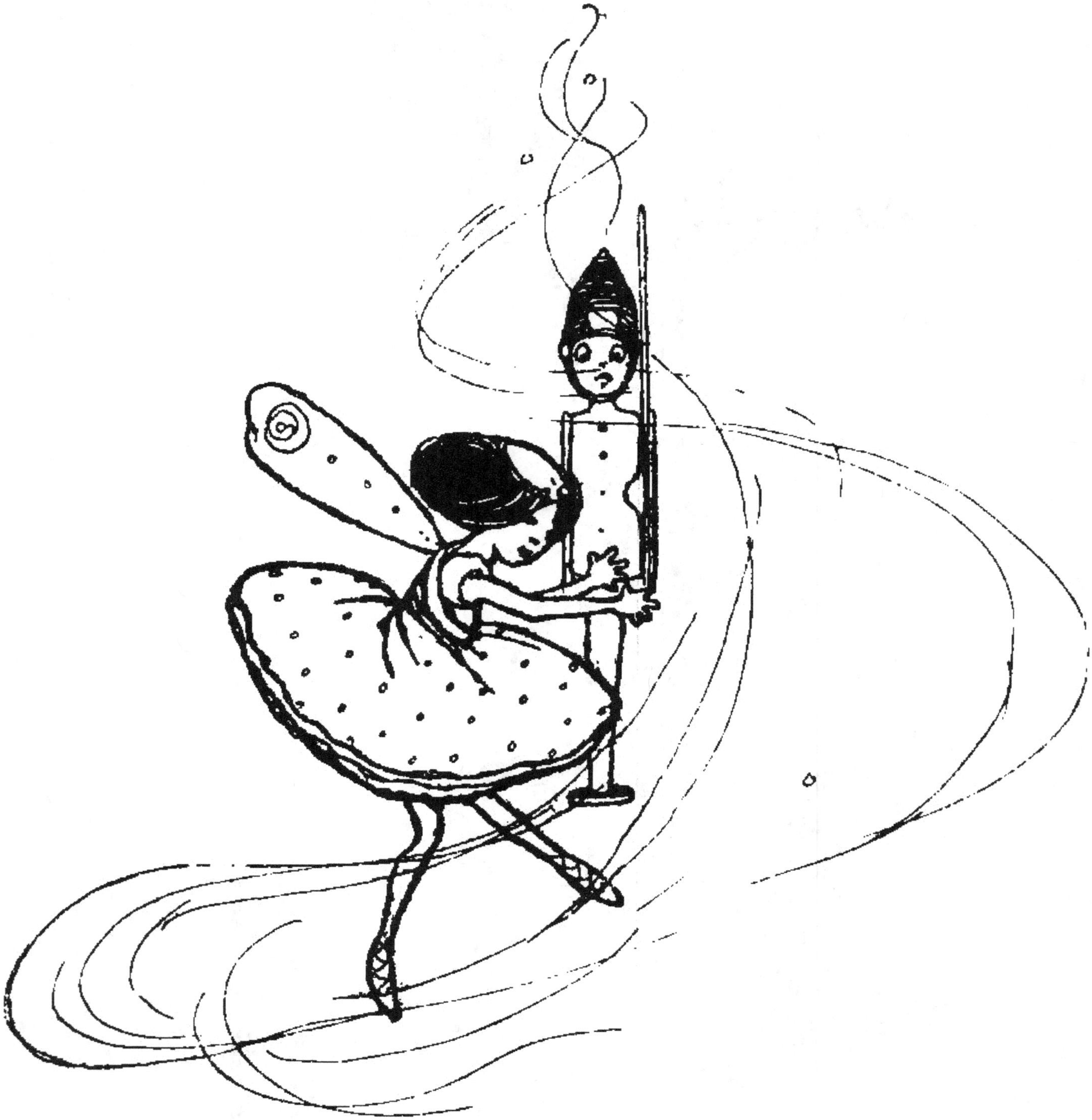

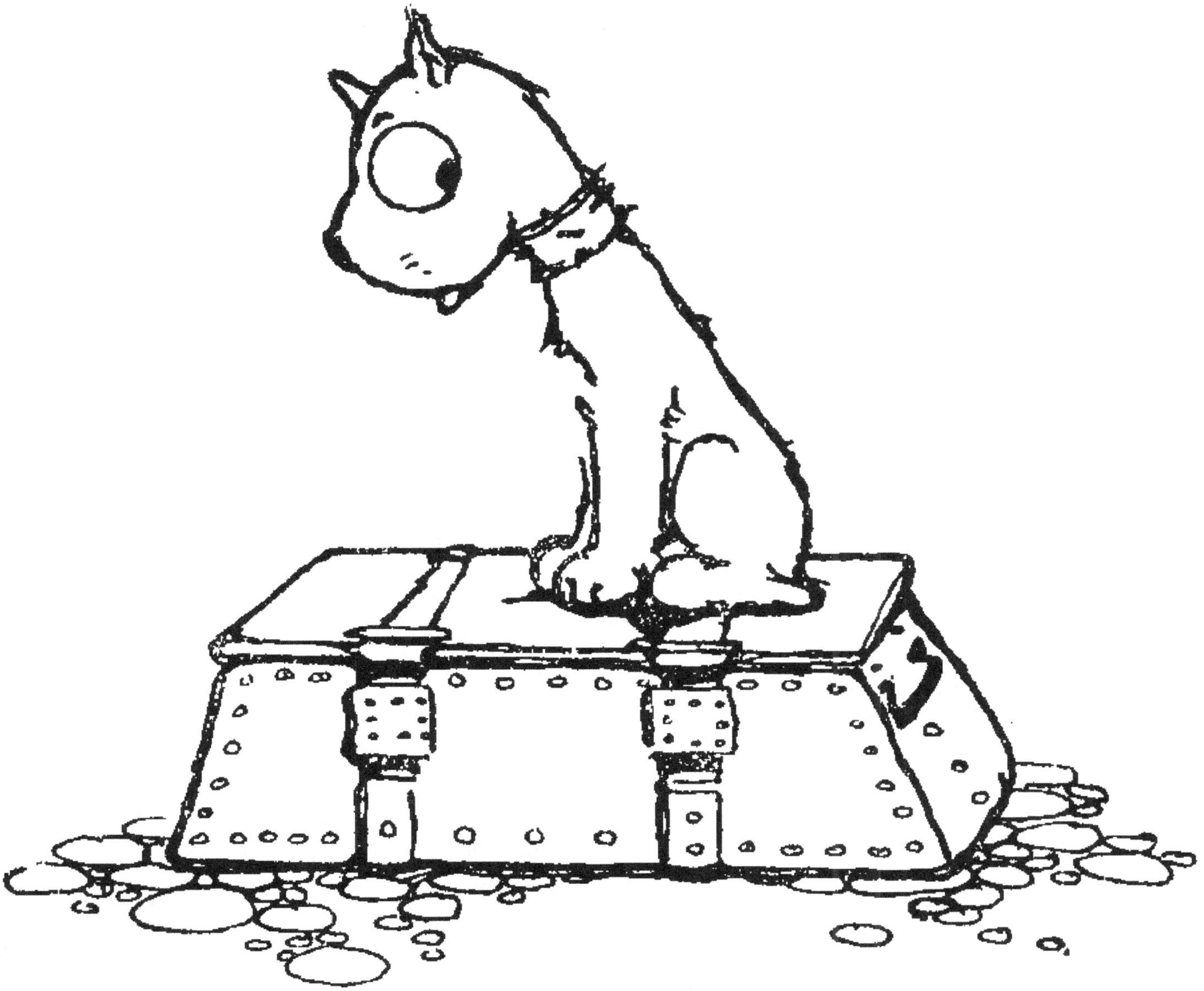

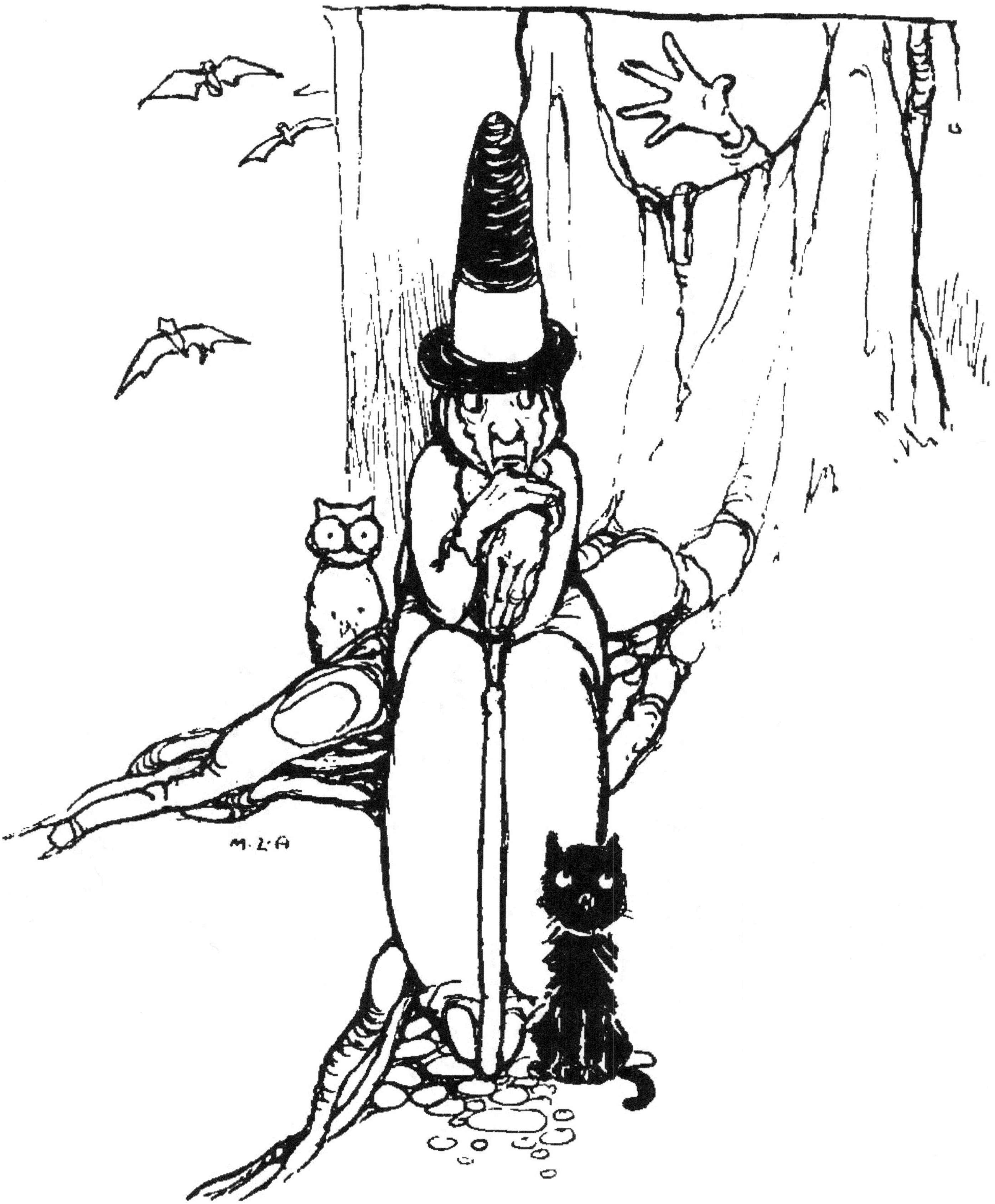
M·L·A

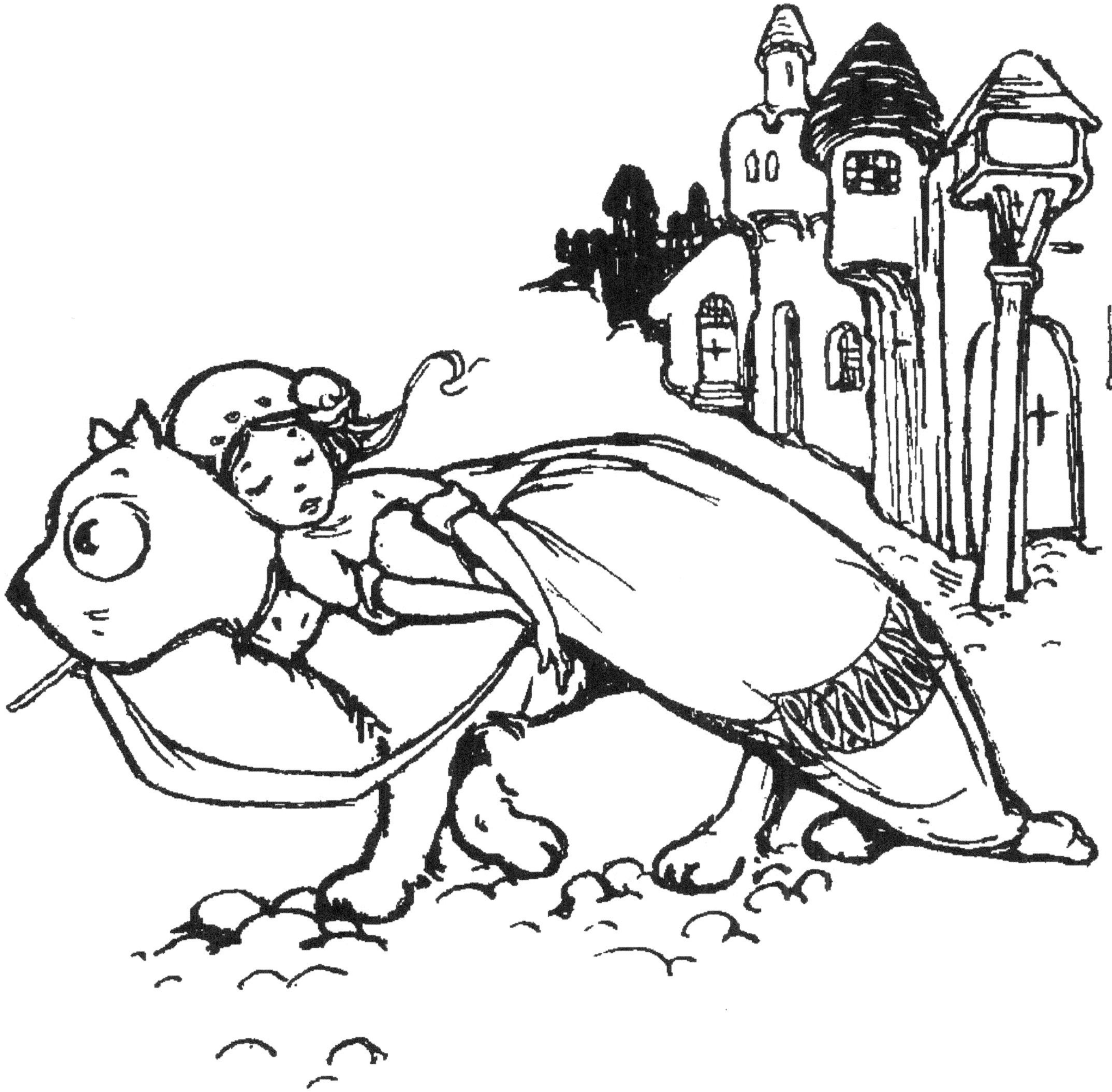

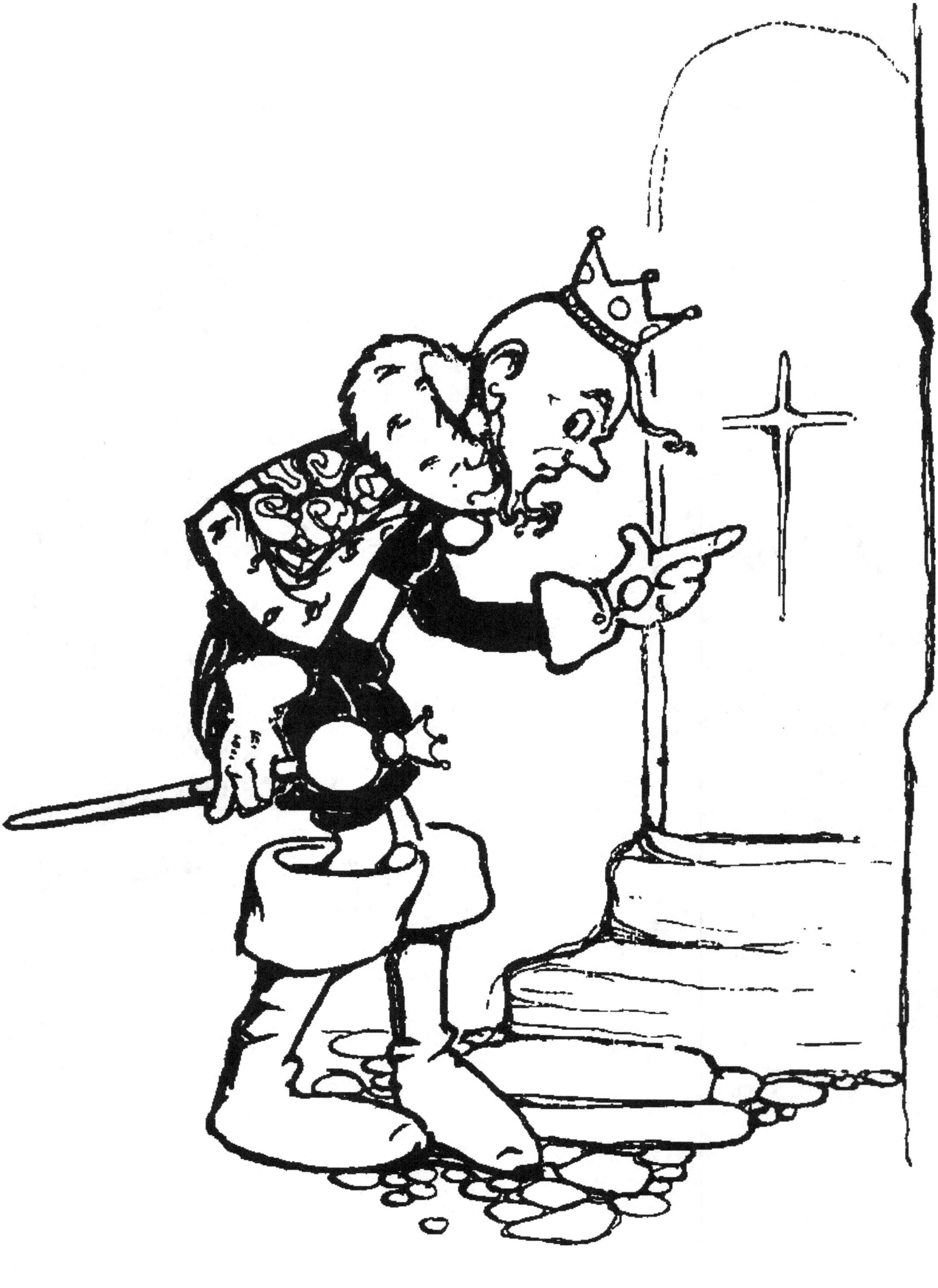

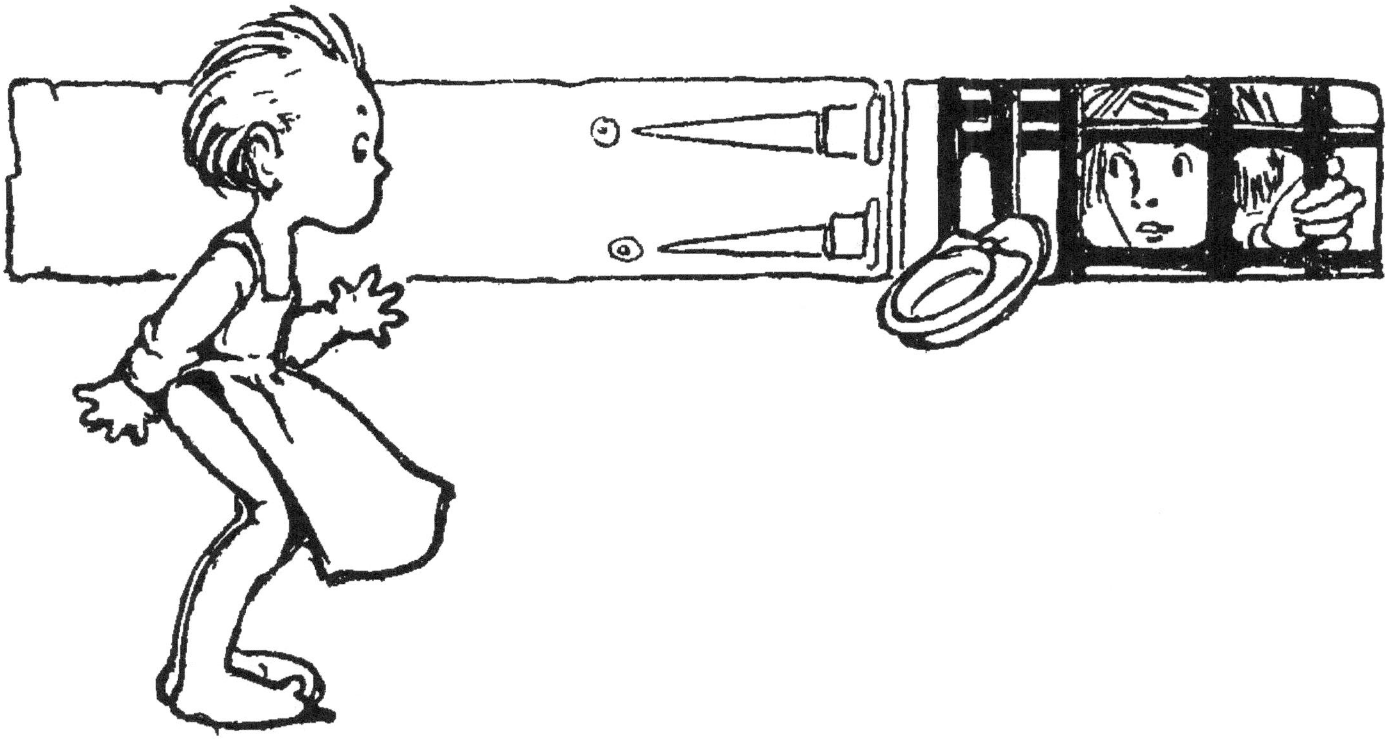

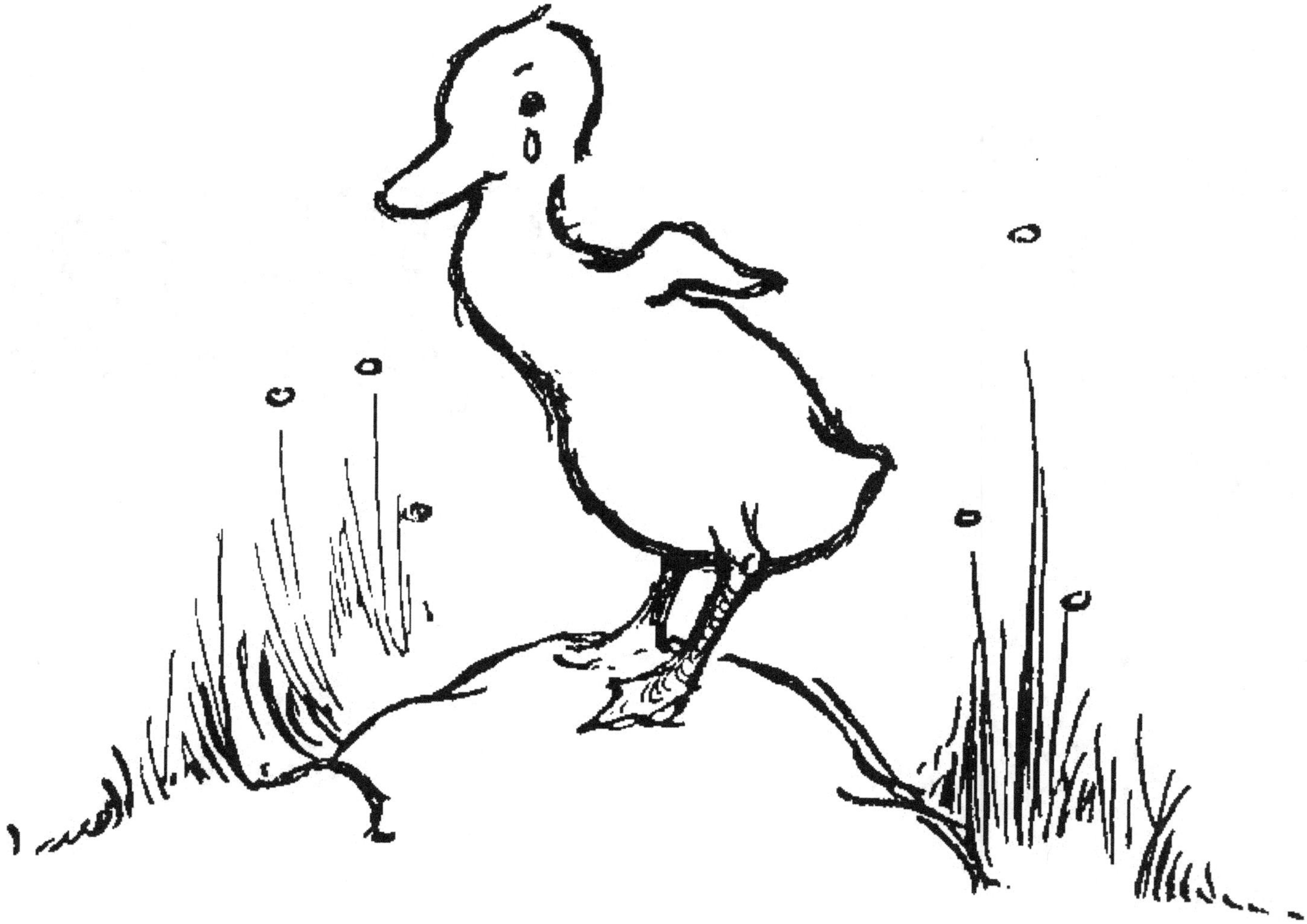

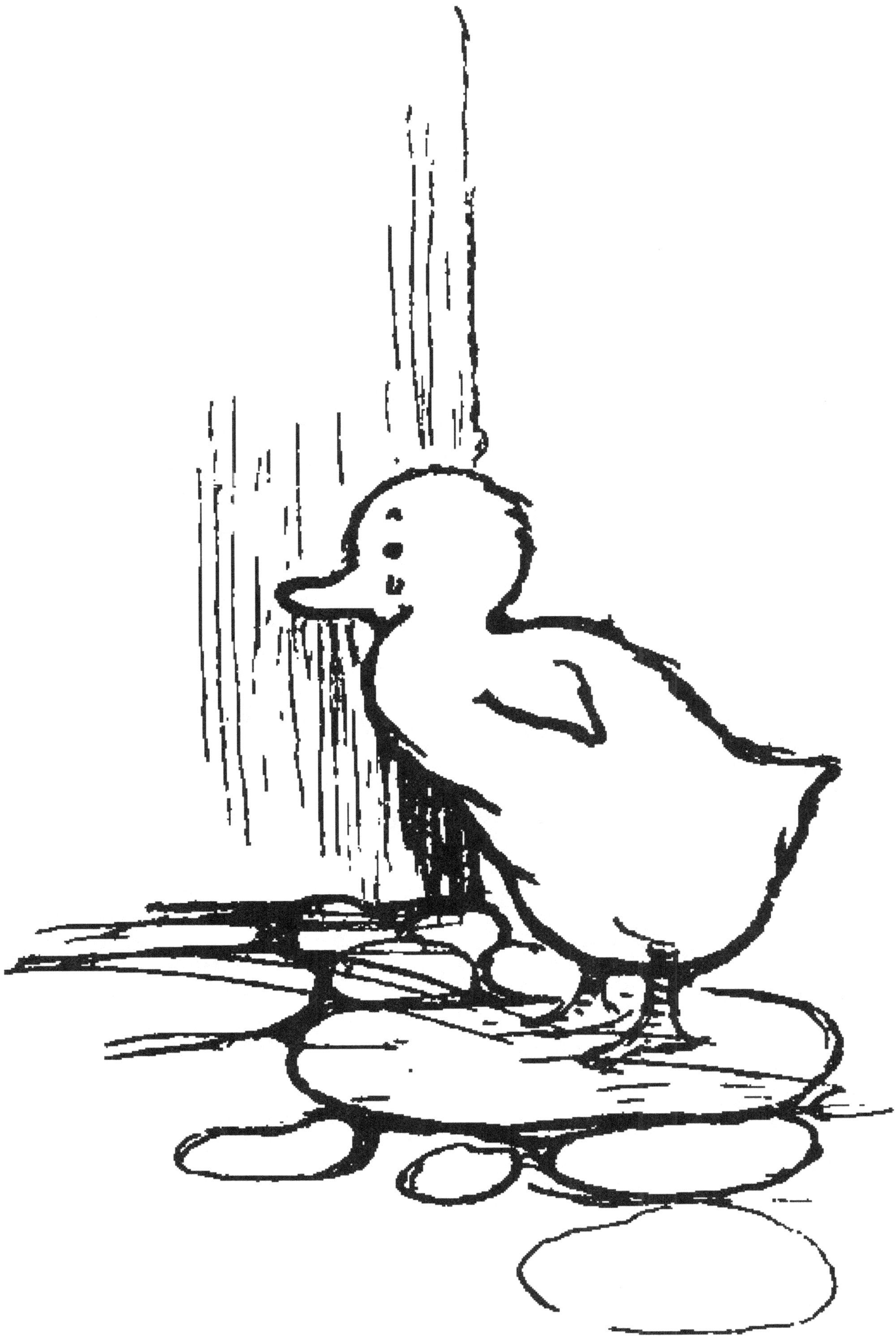

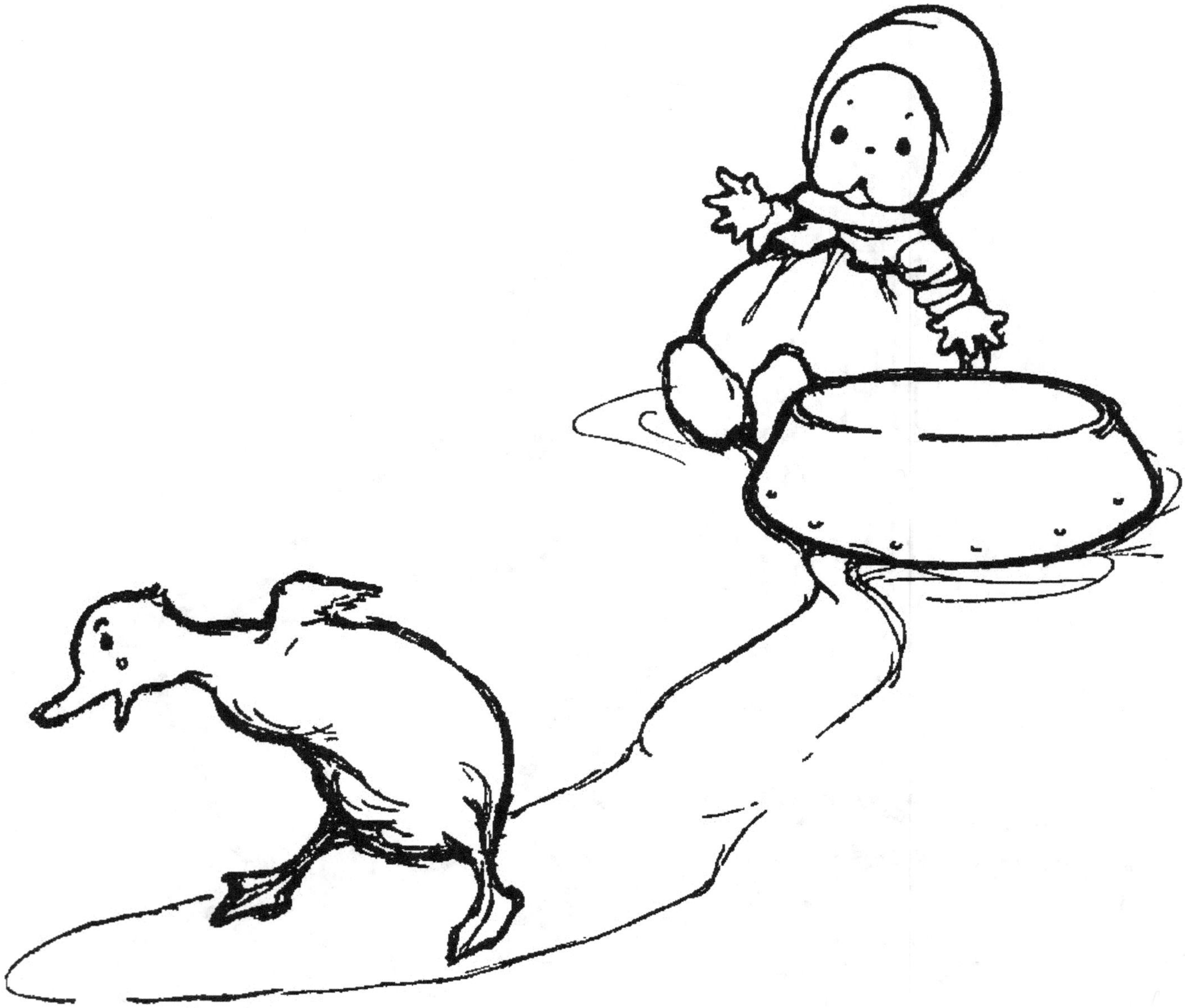

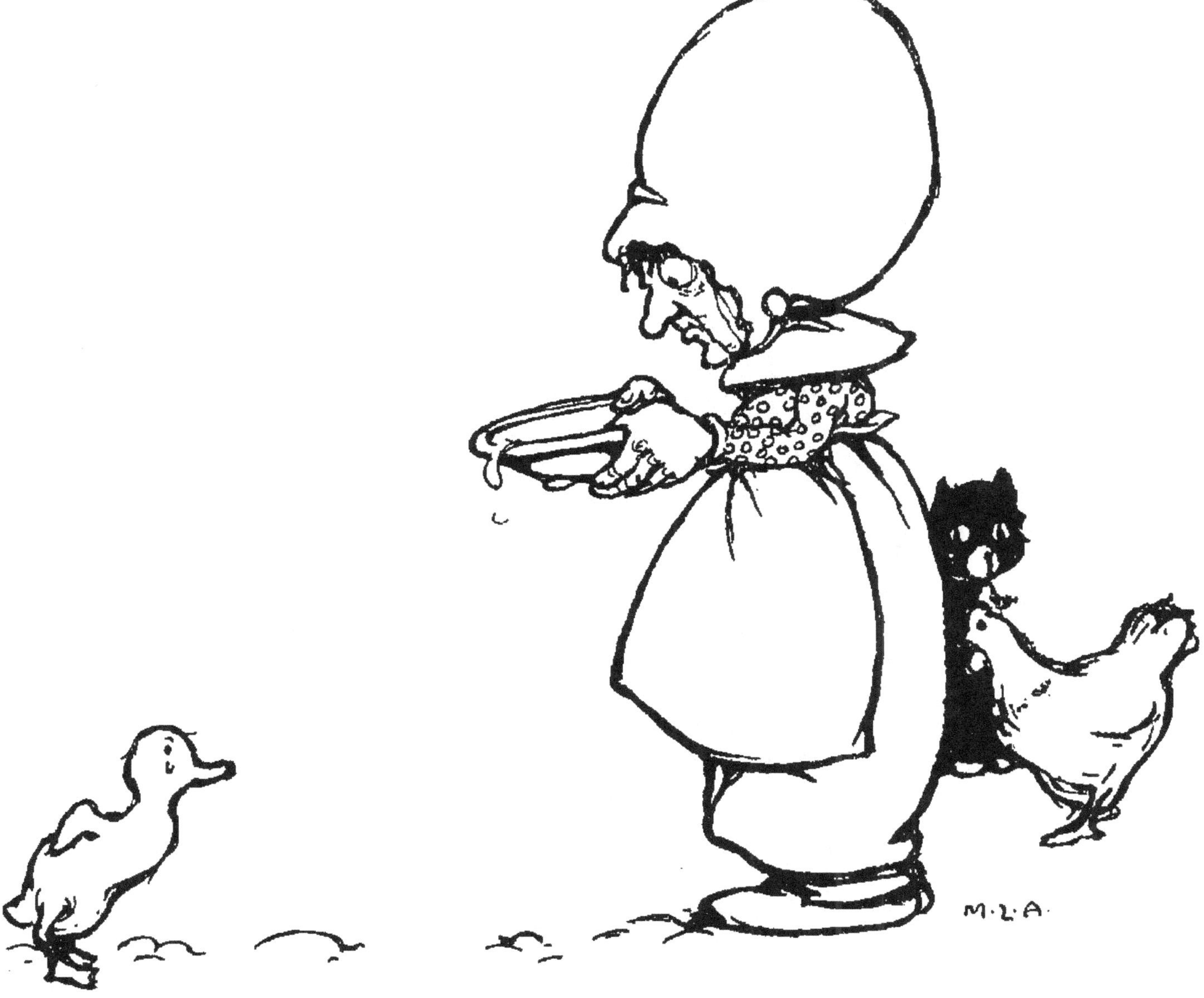
M·L·A·

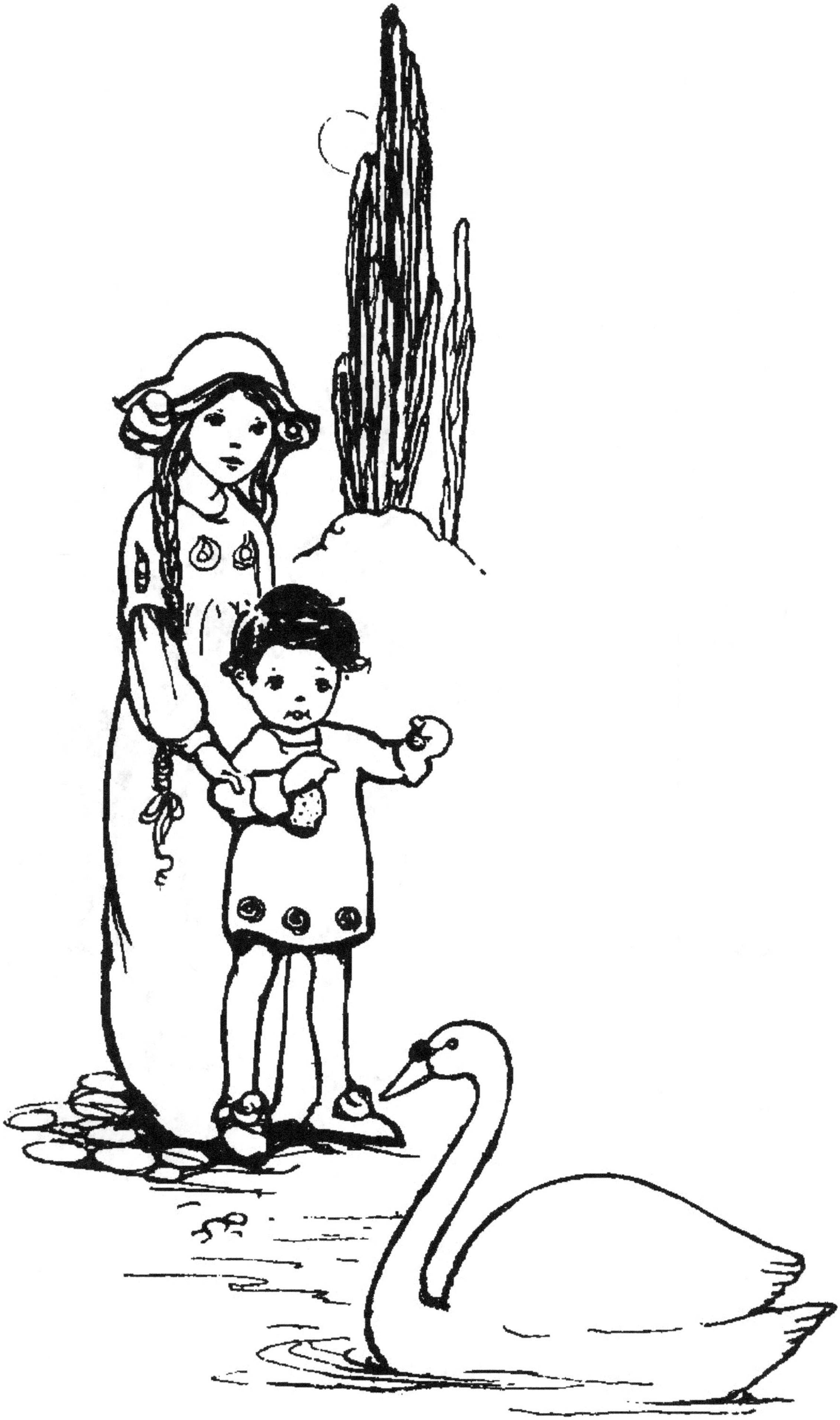

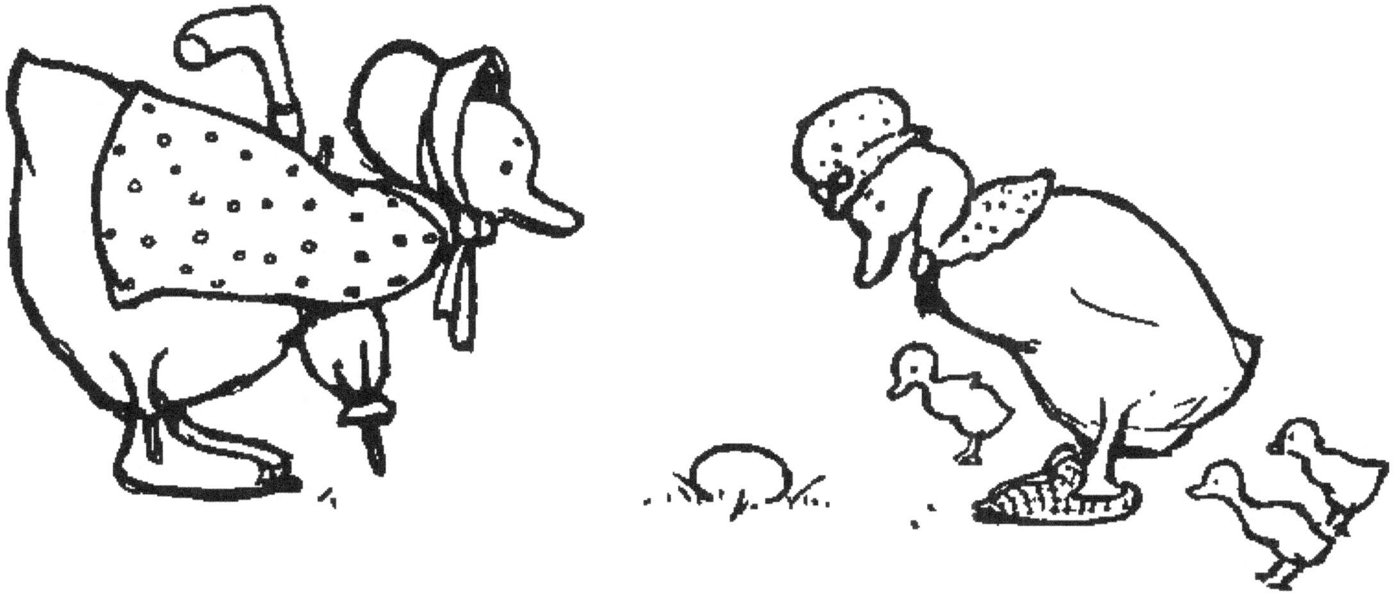

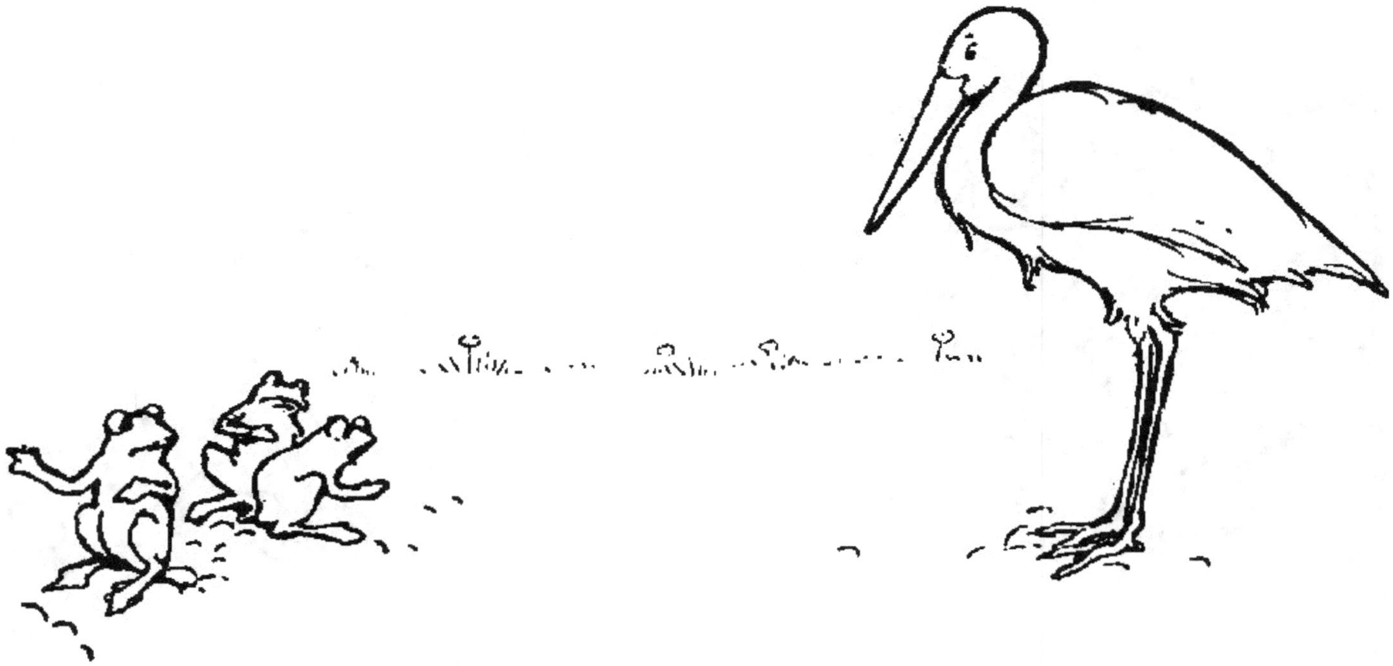

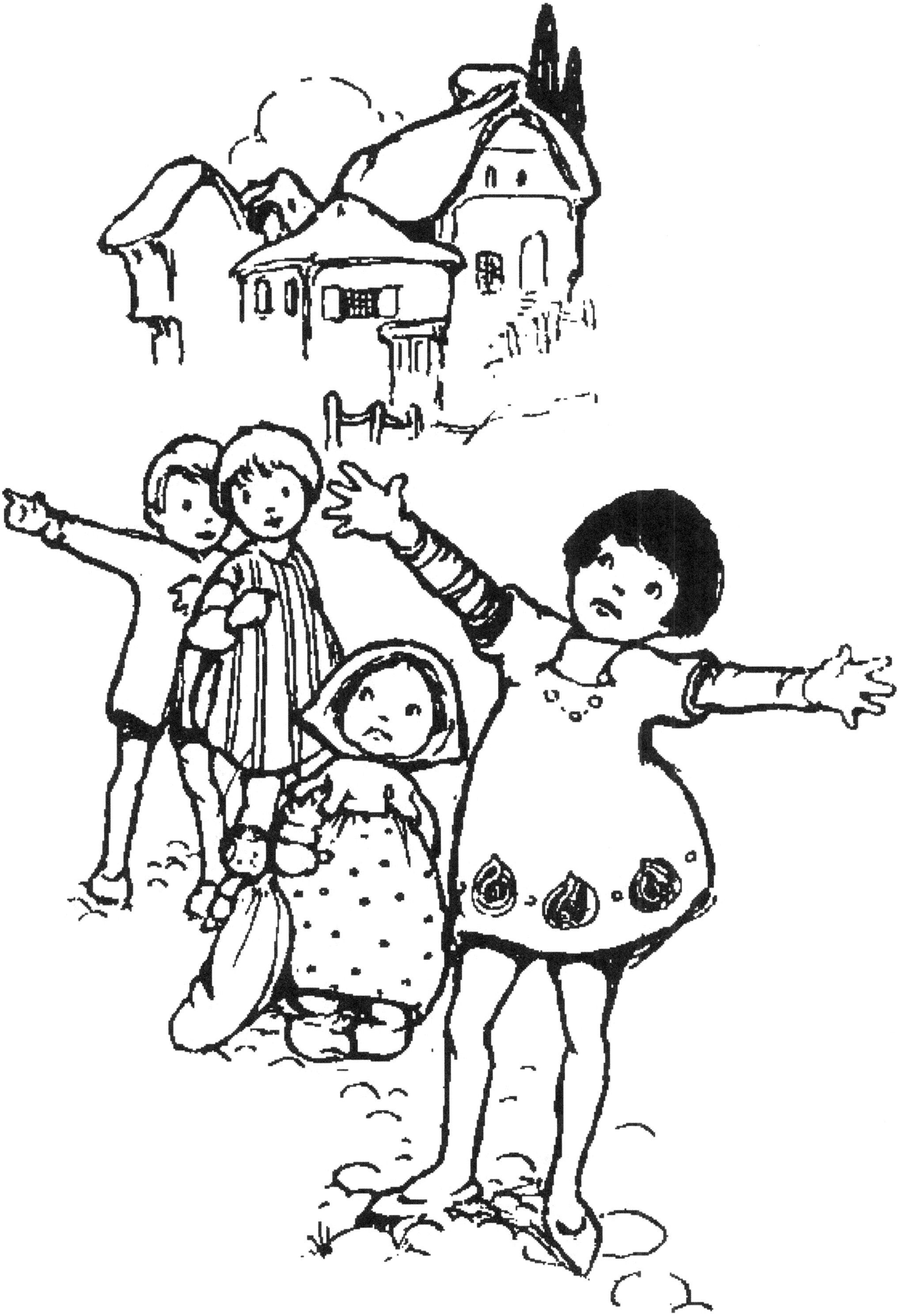

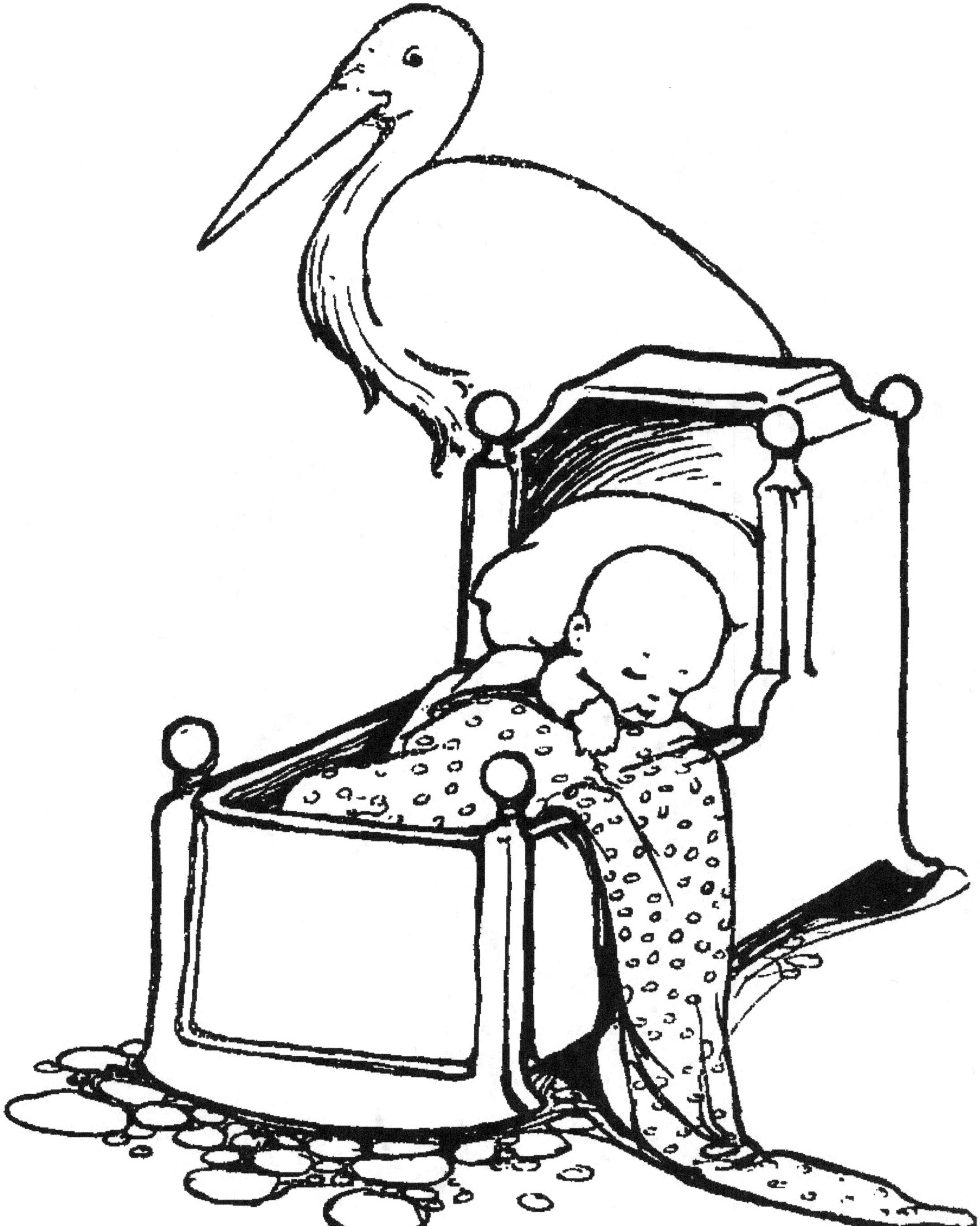

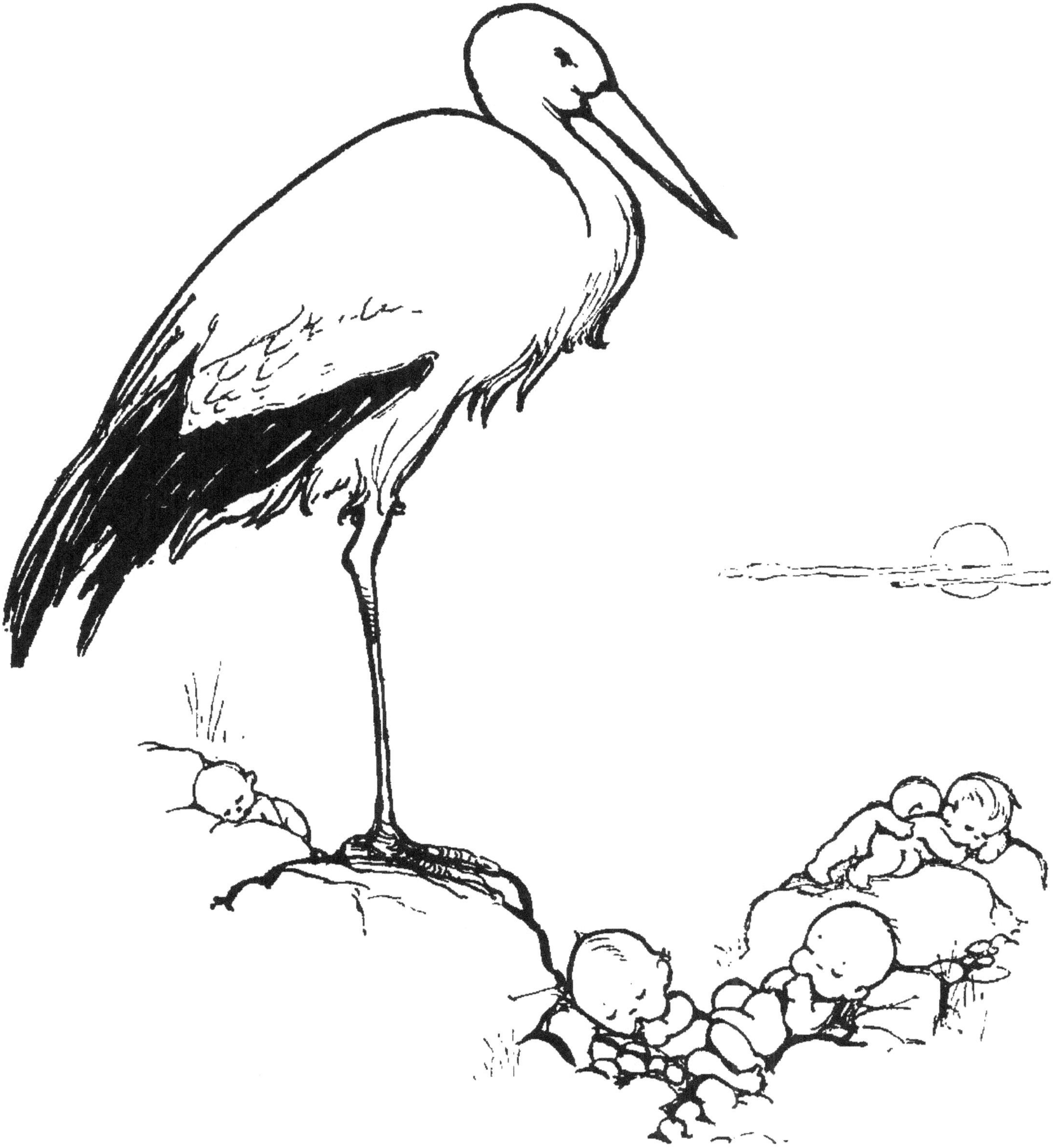

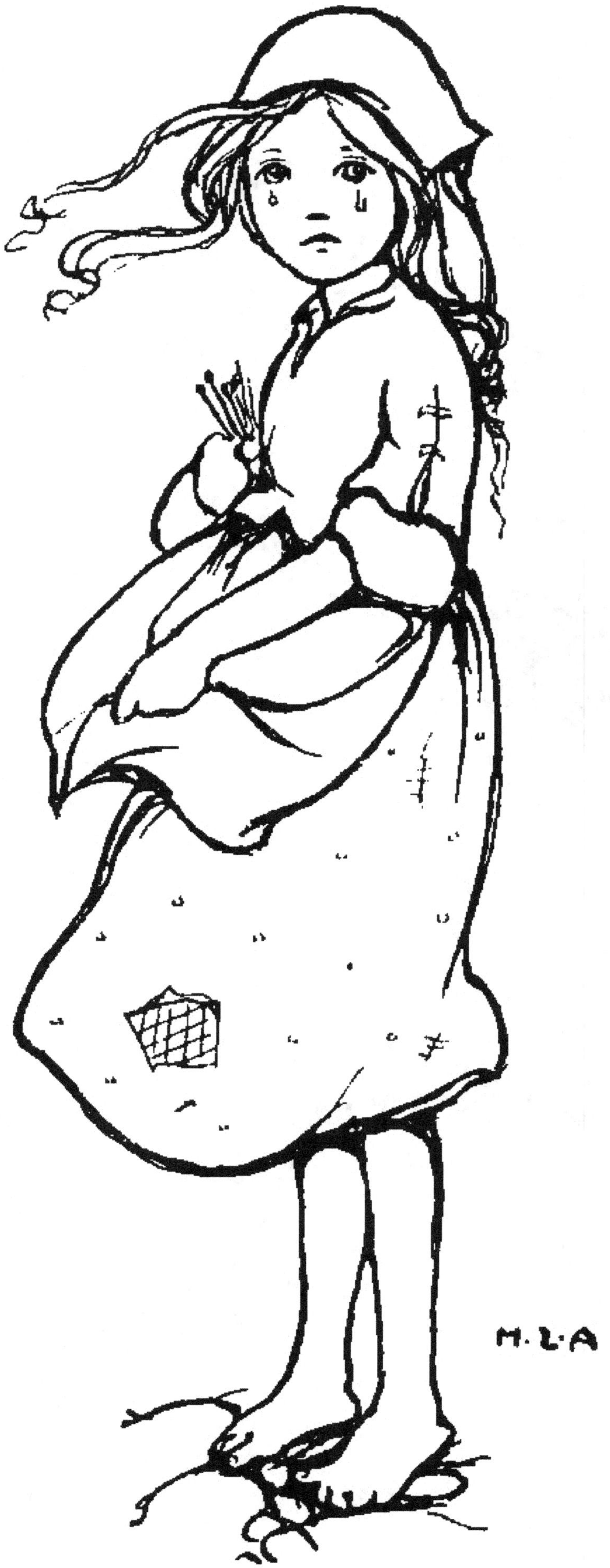
M·L·A

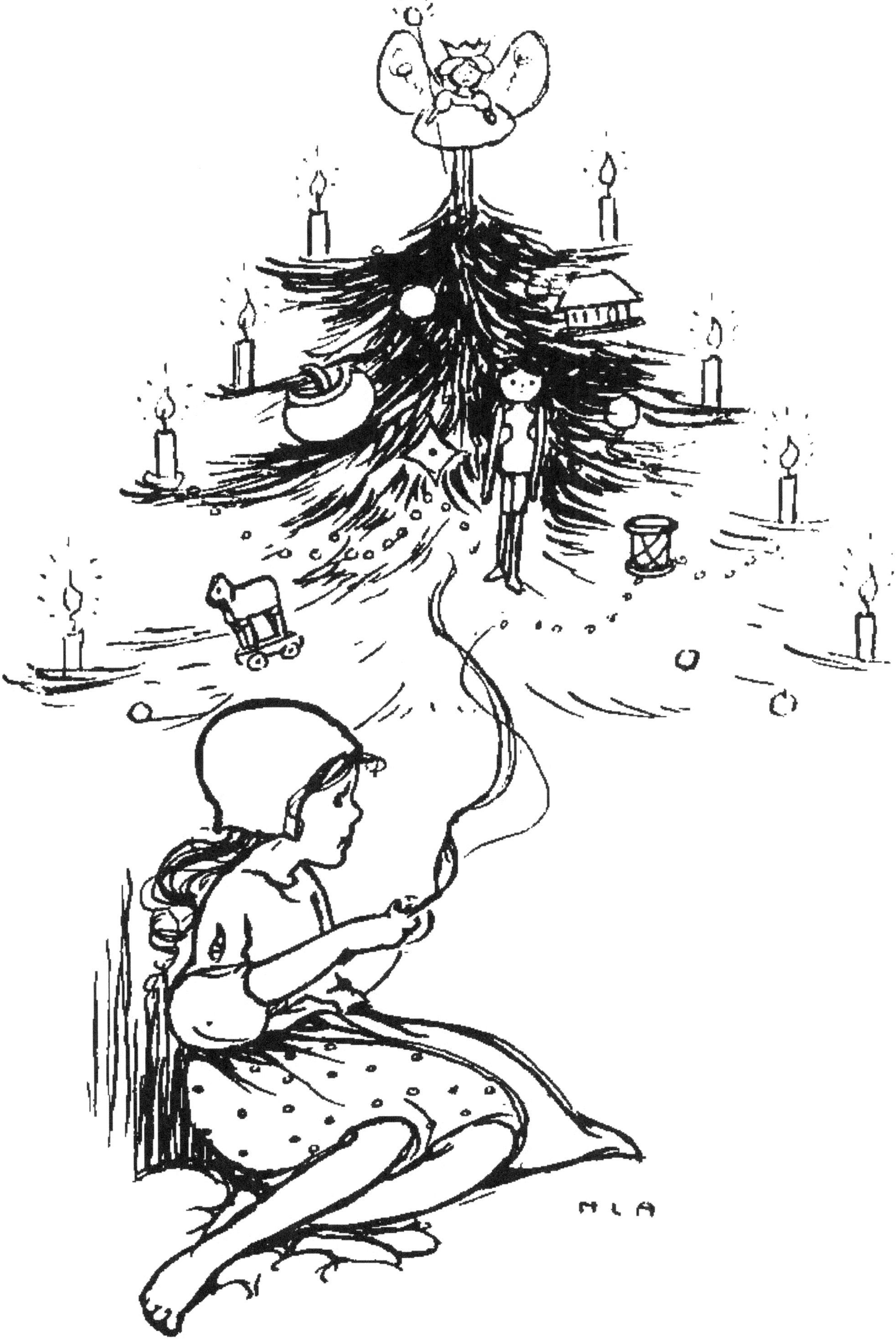
MLA

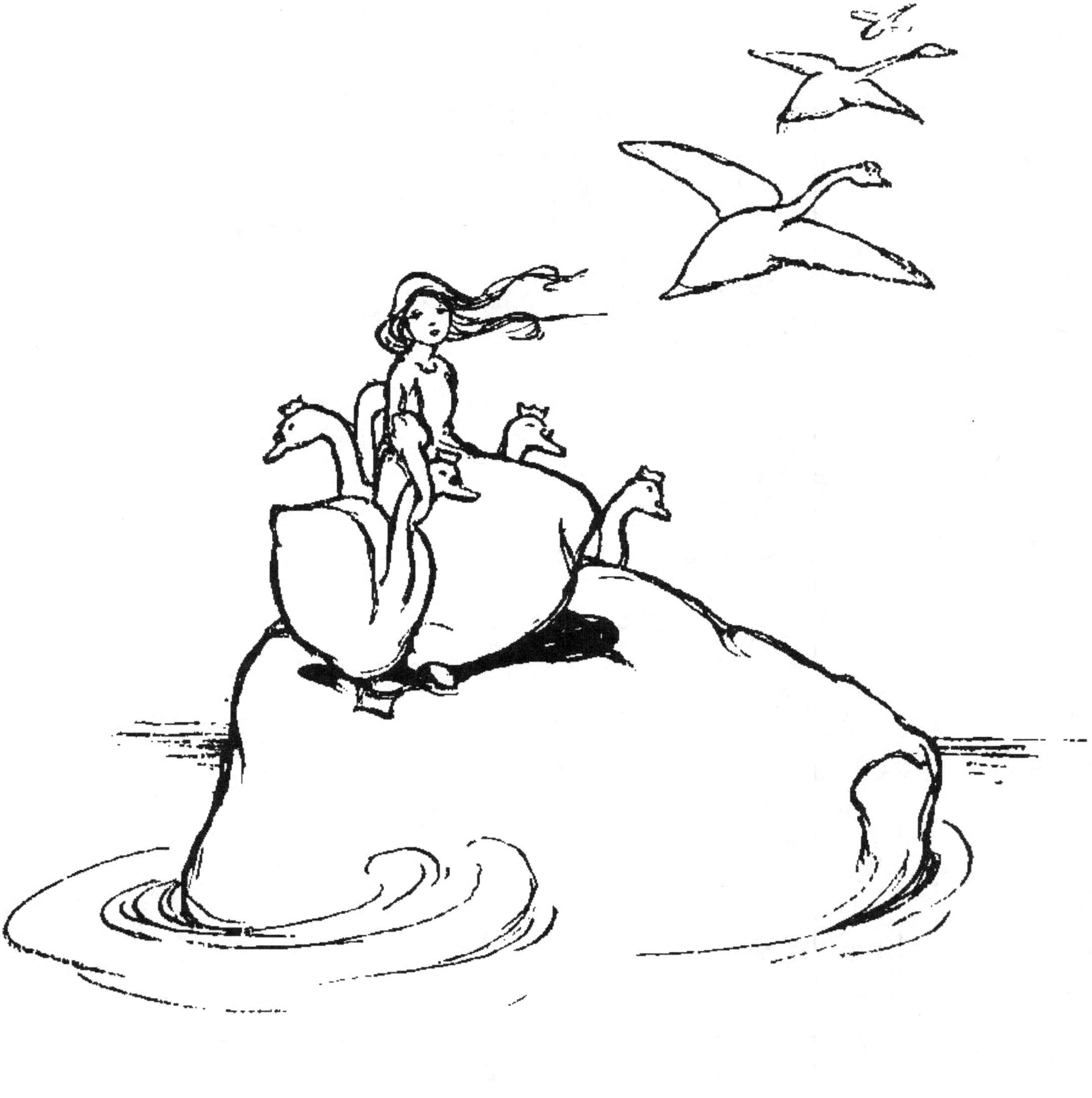

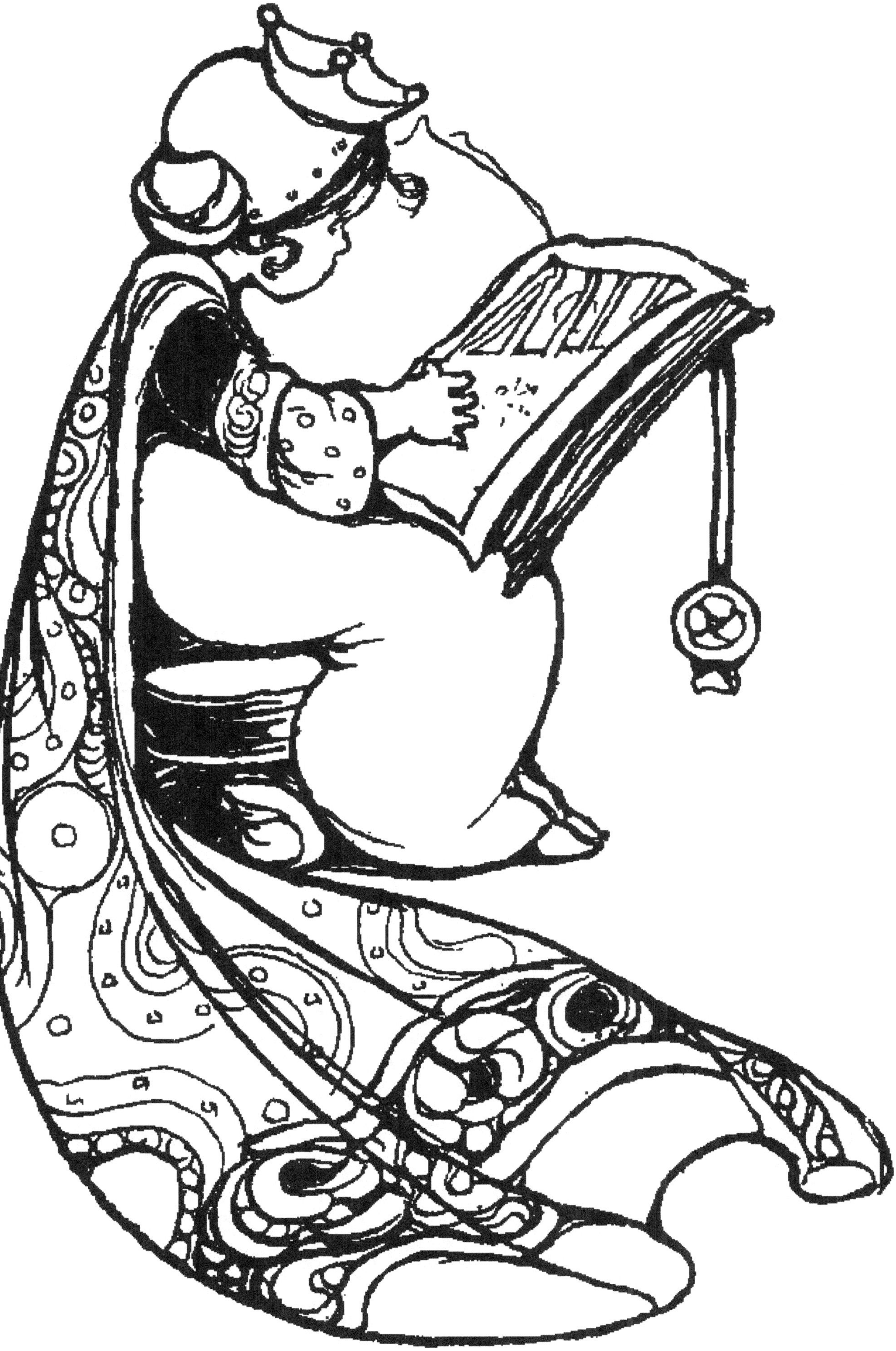

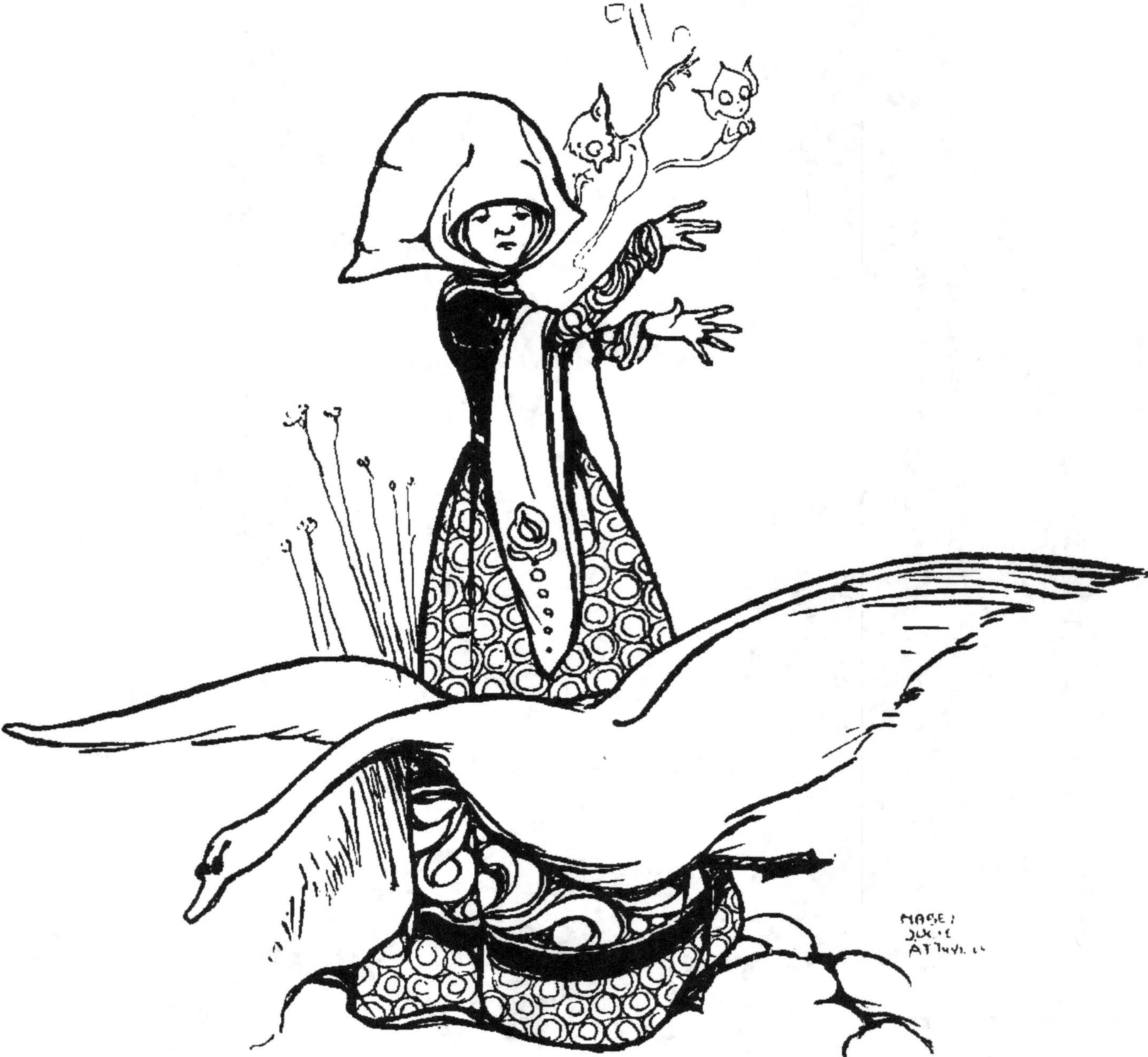

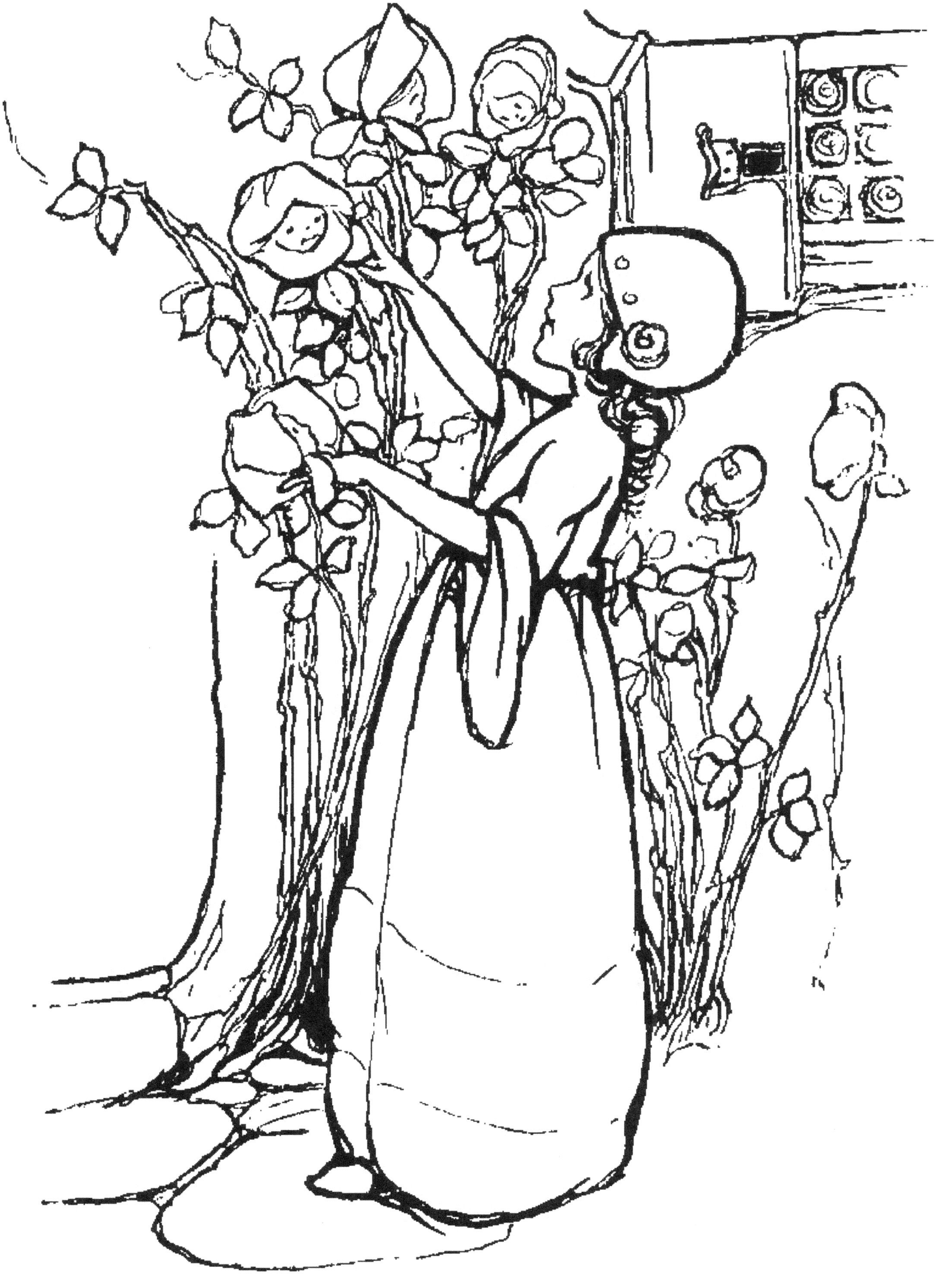

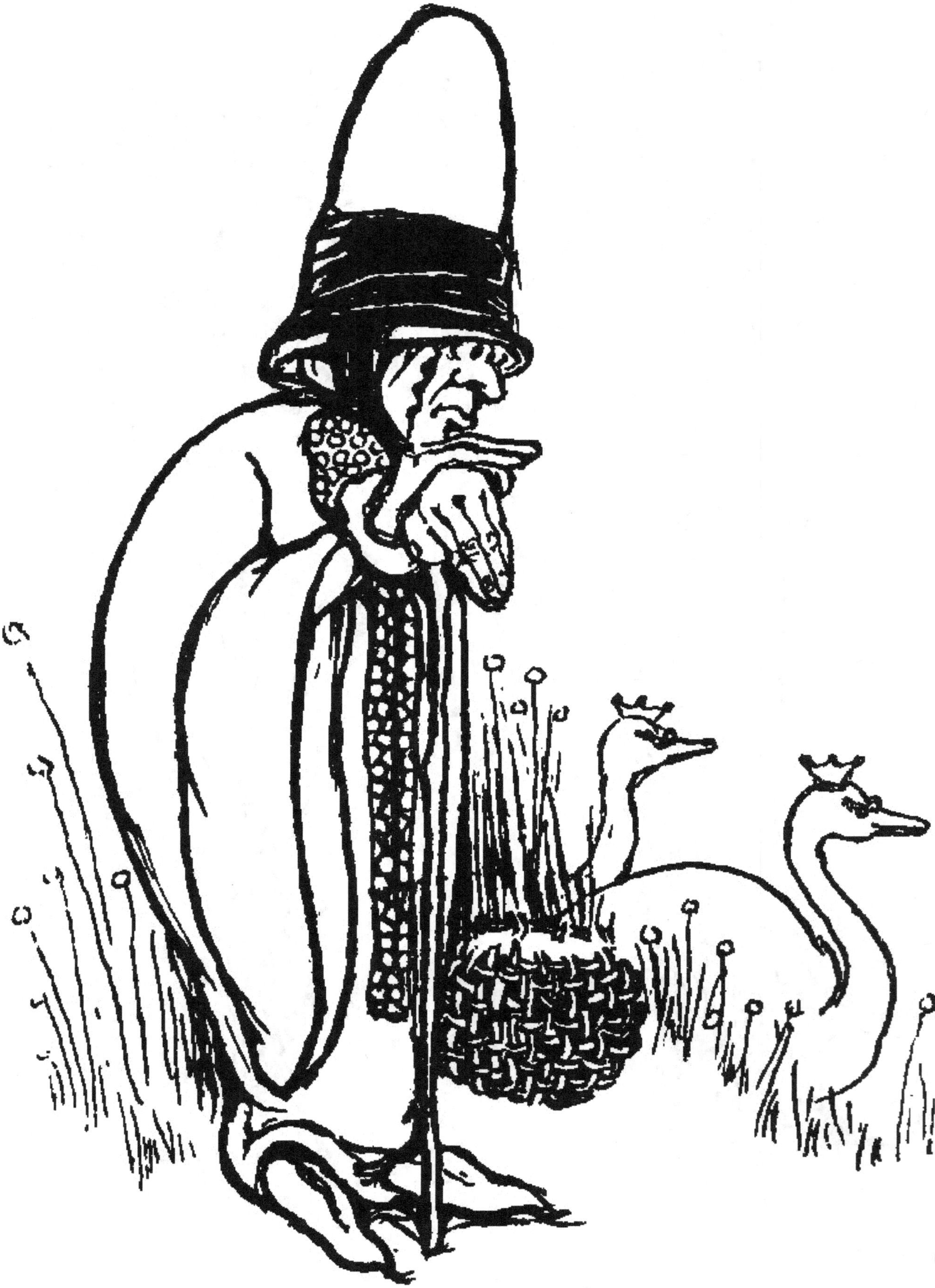

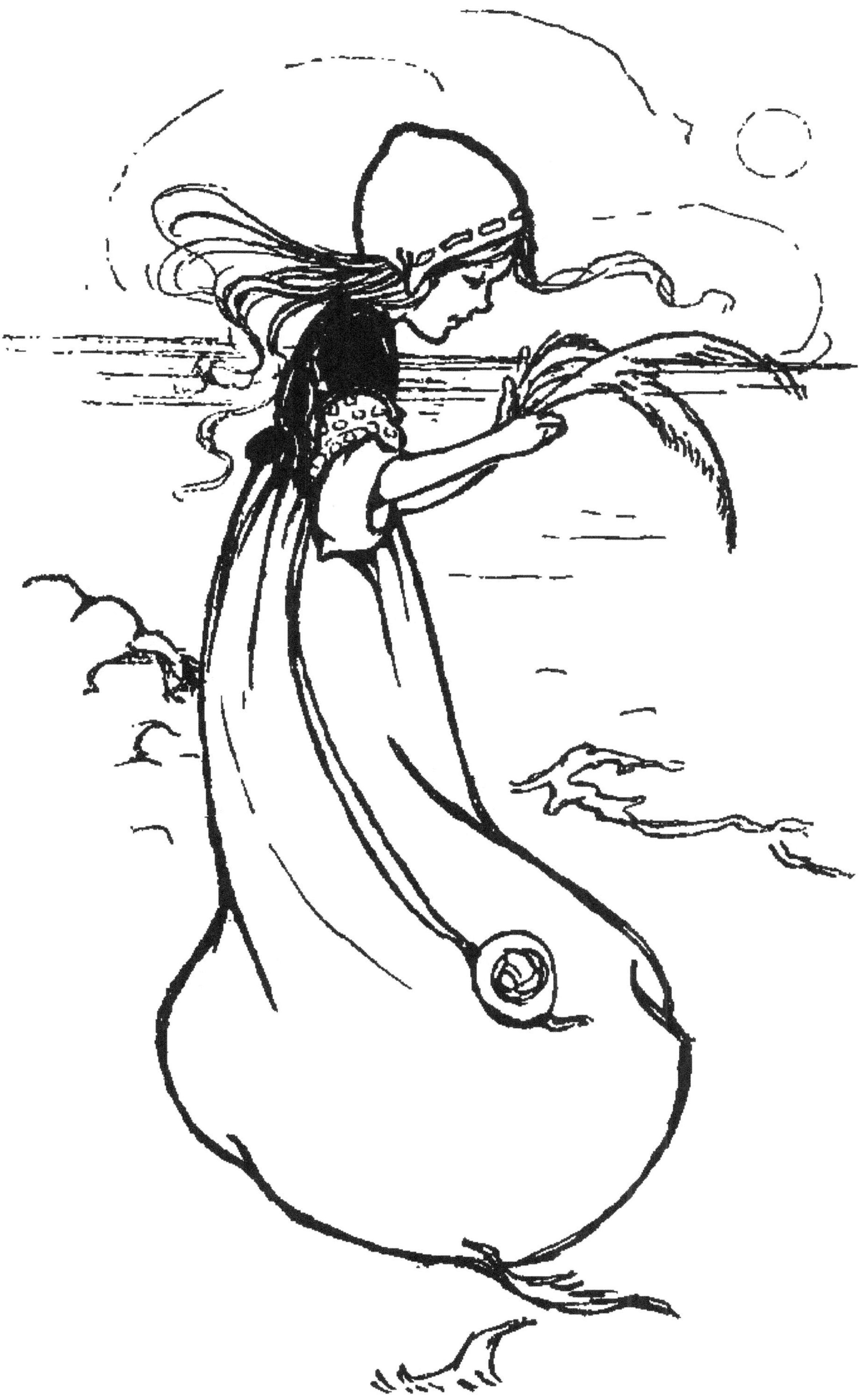

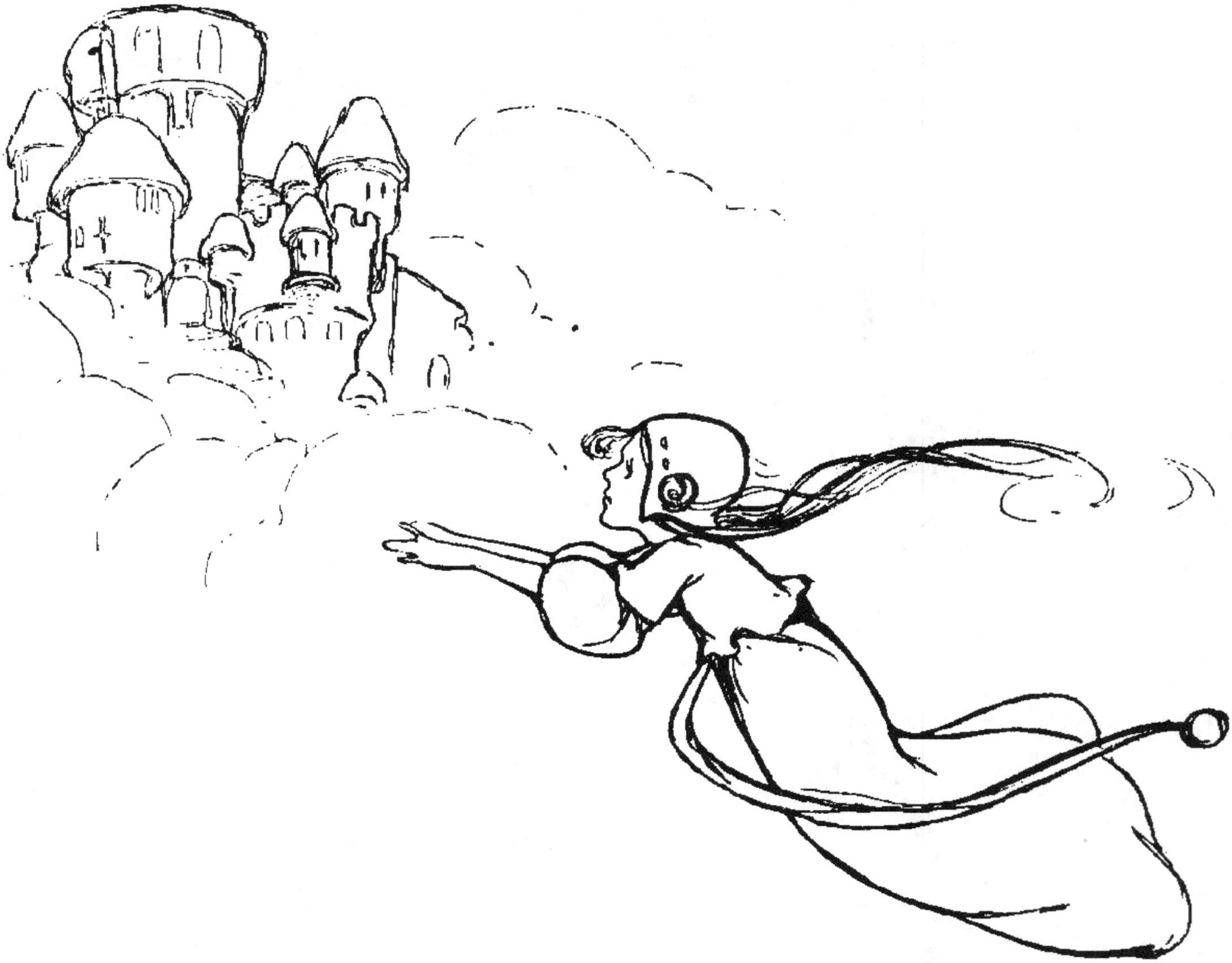

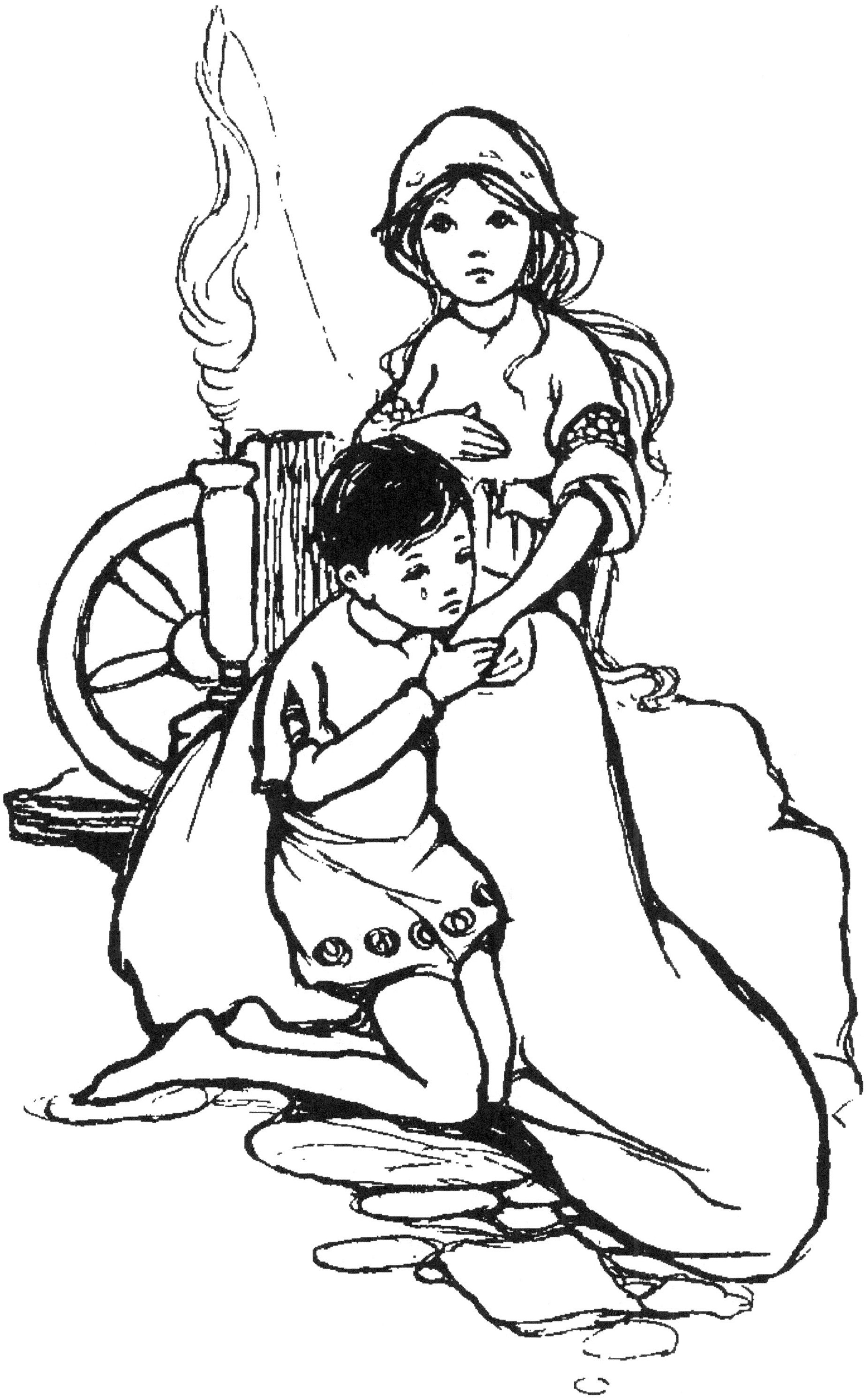

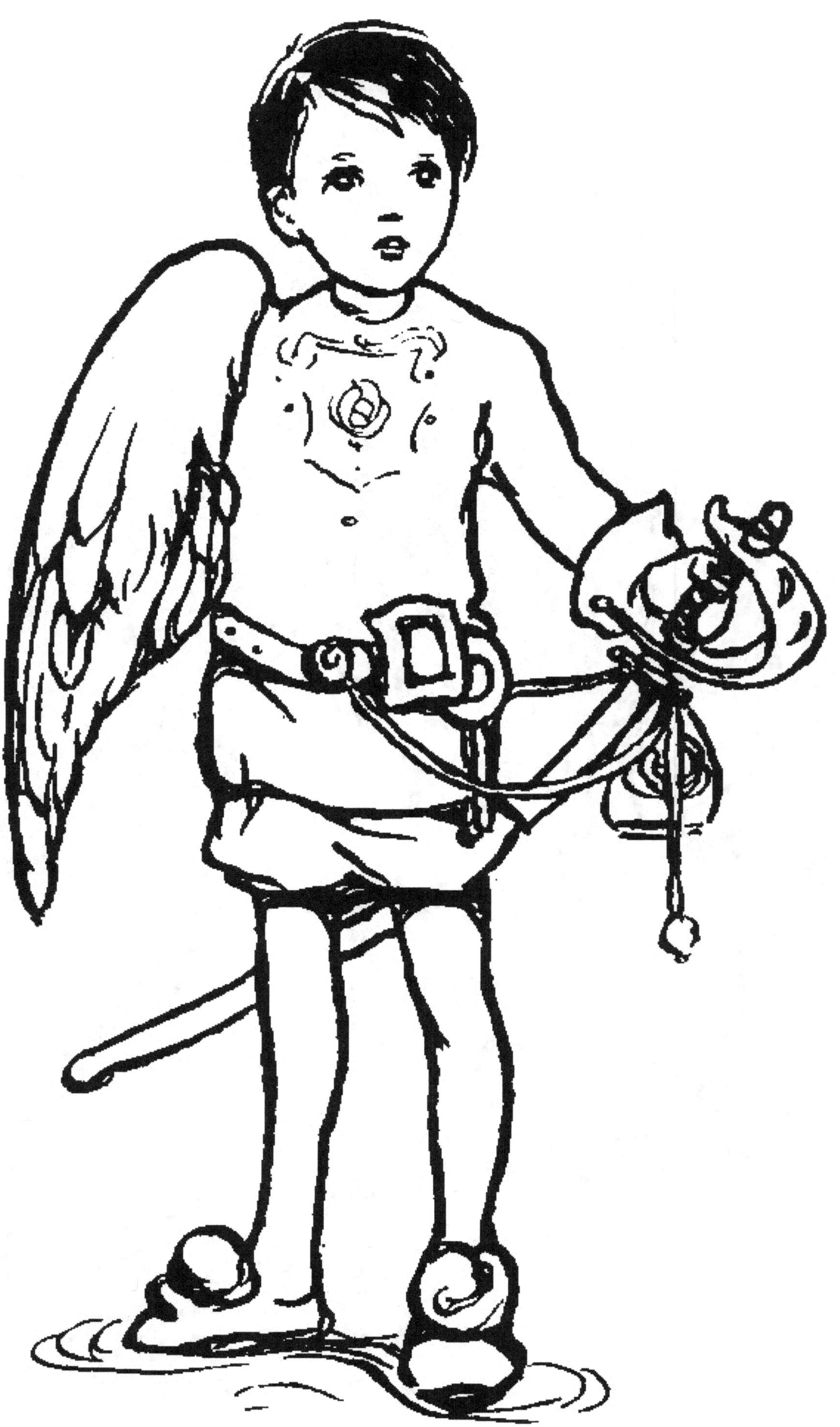

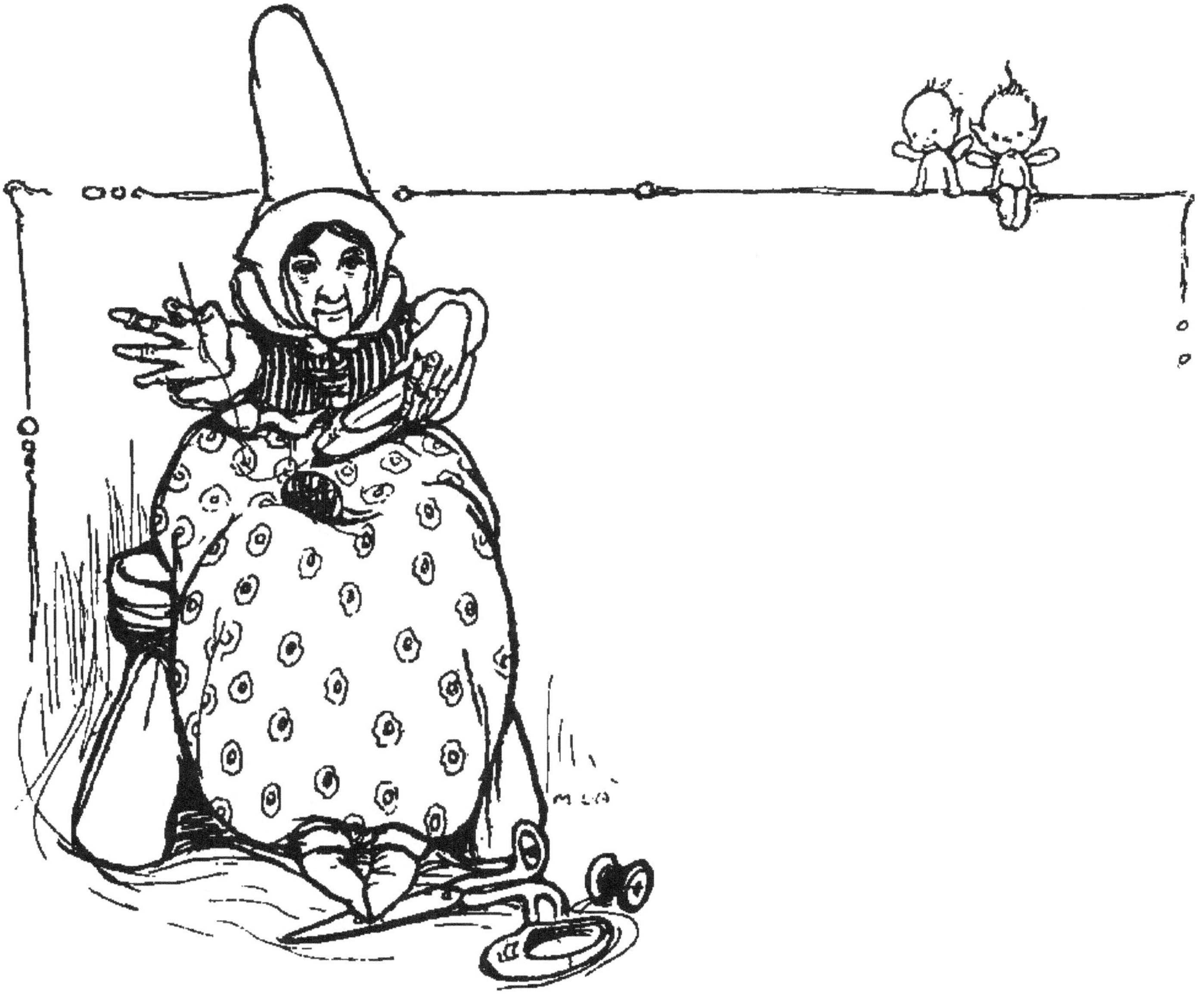

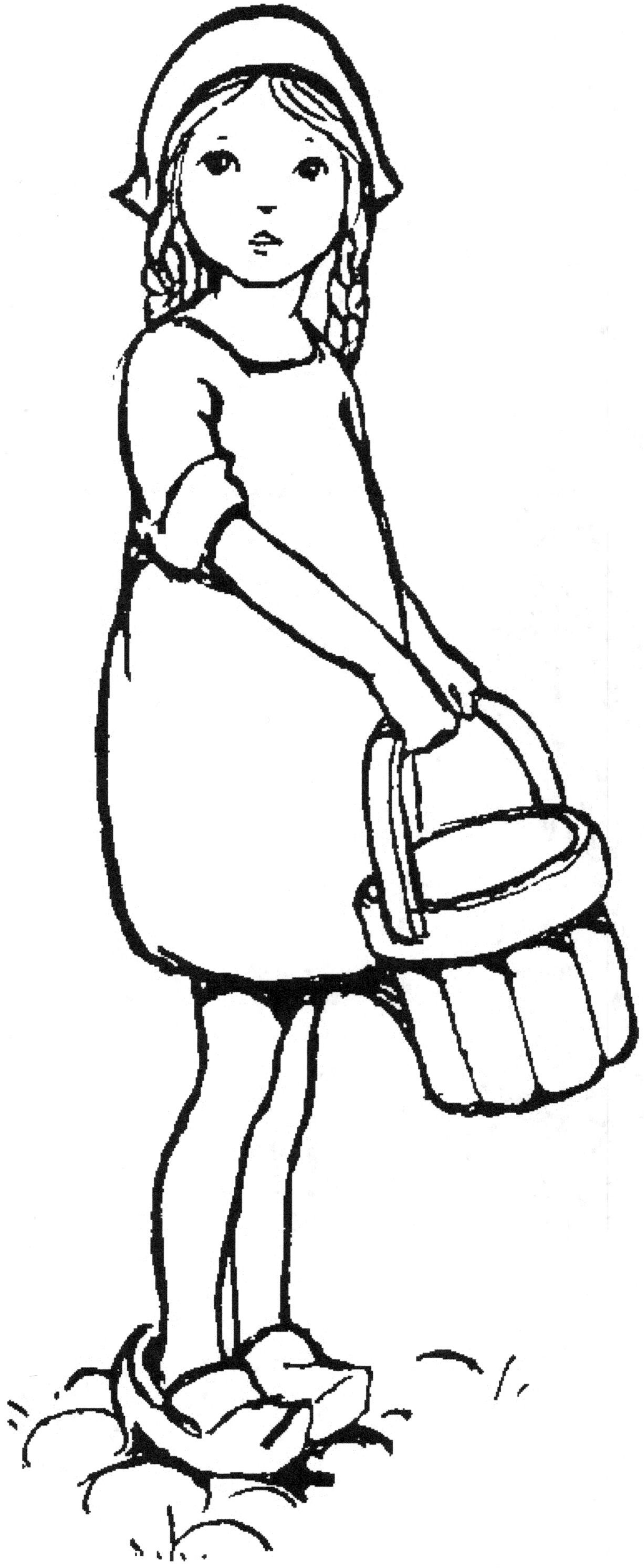

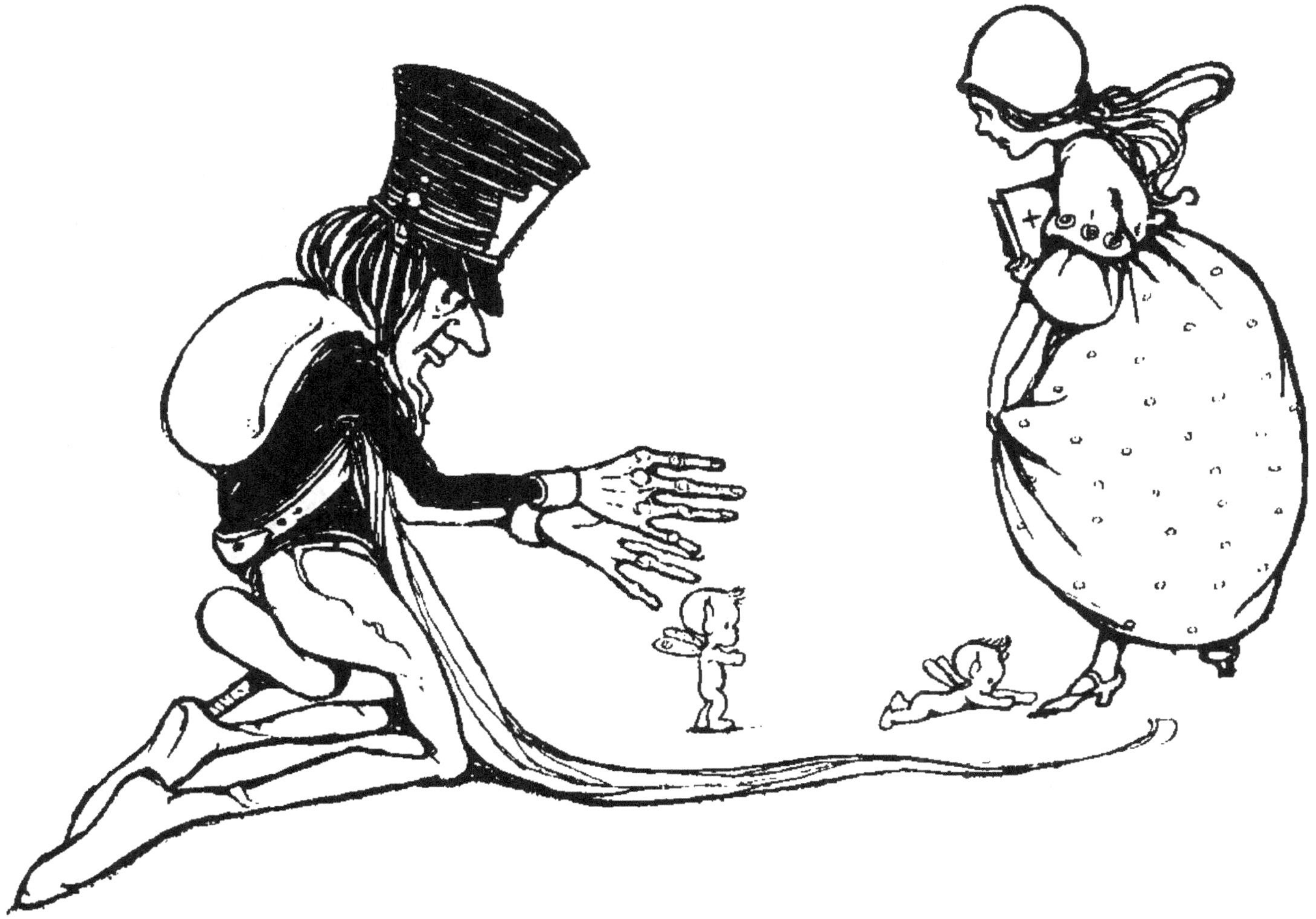

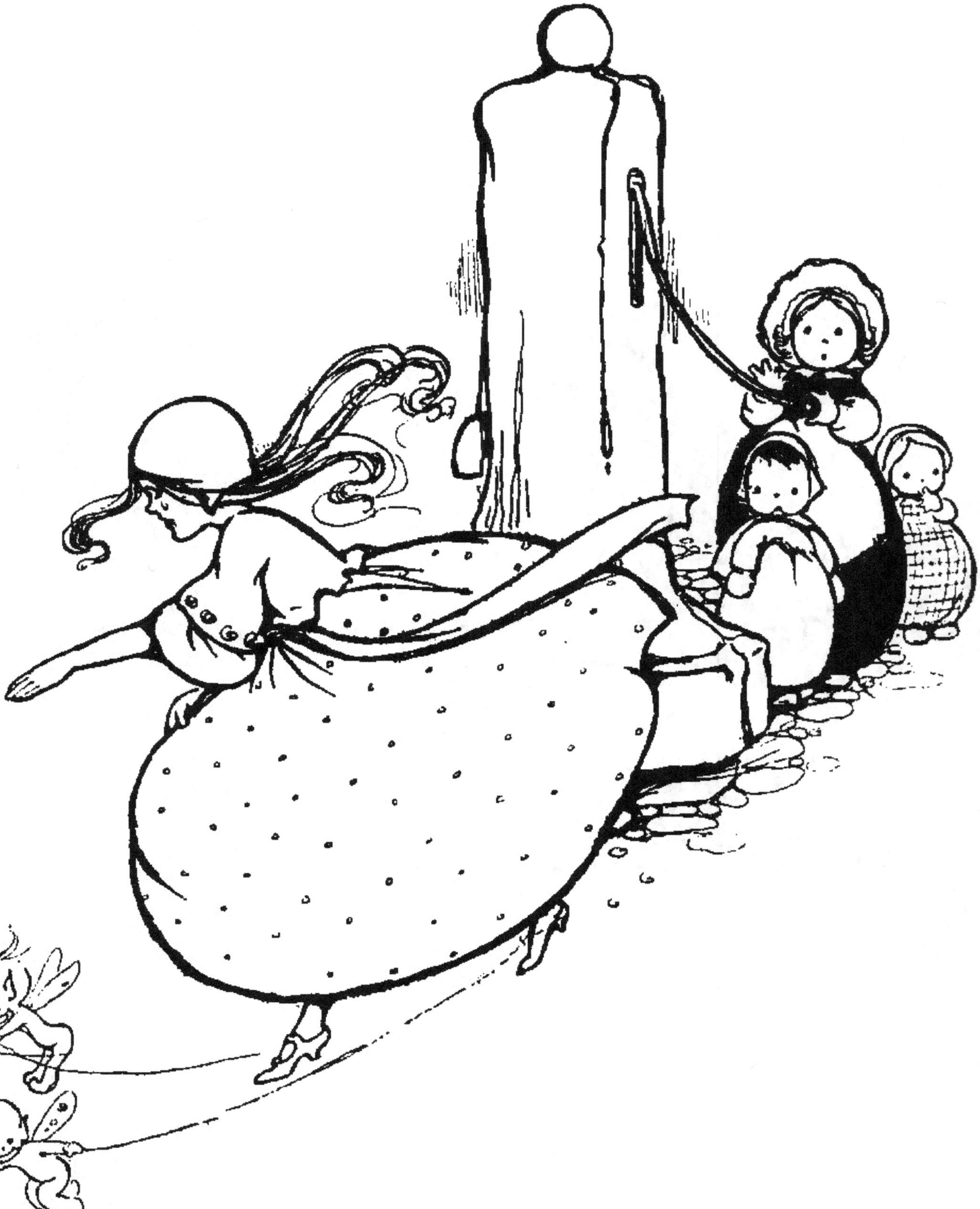

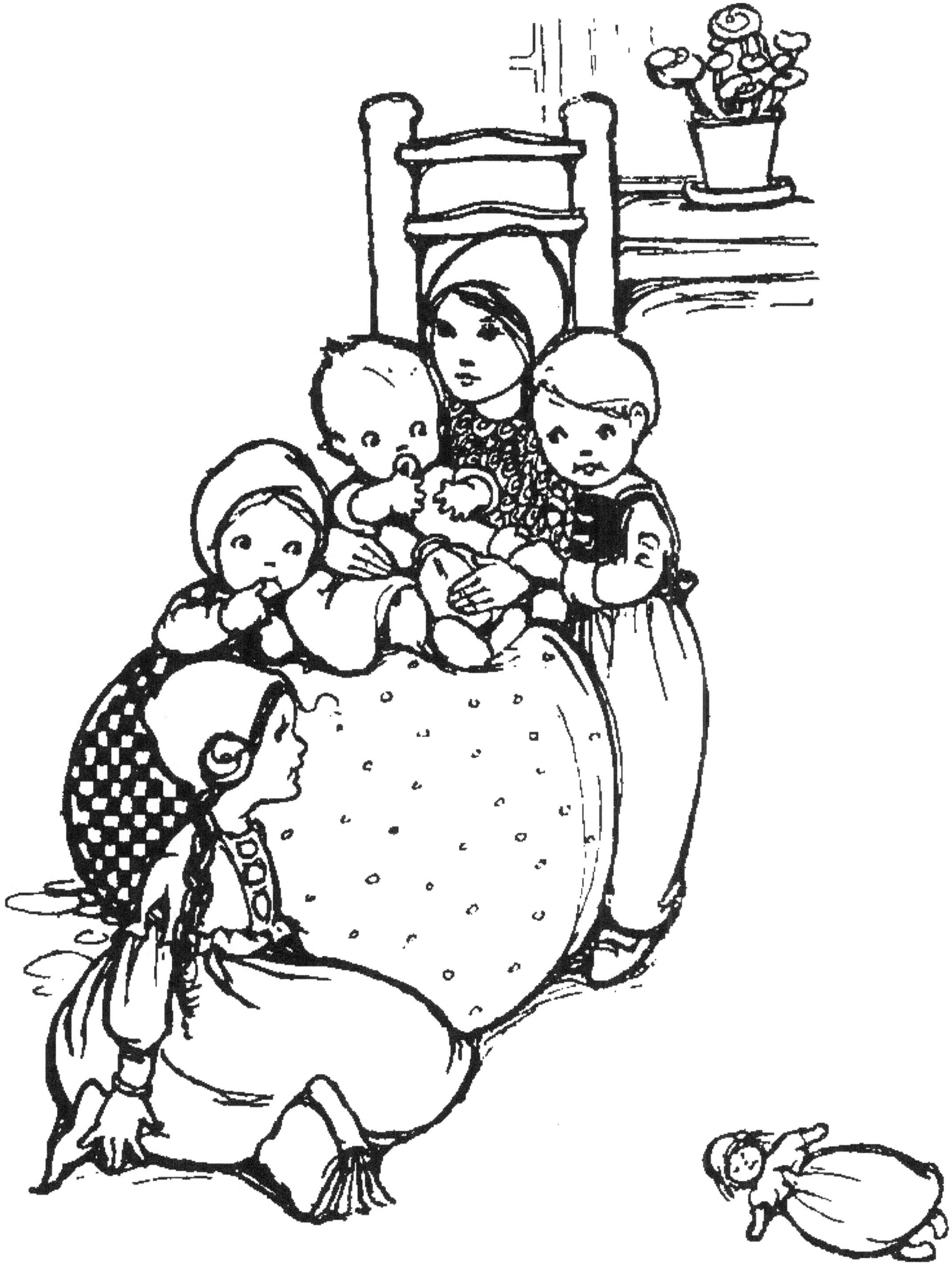

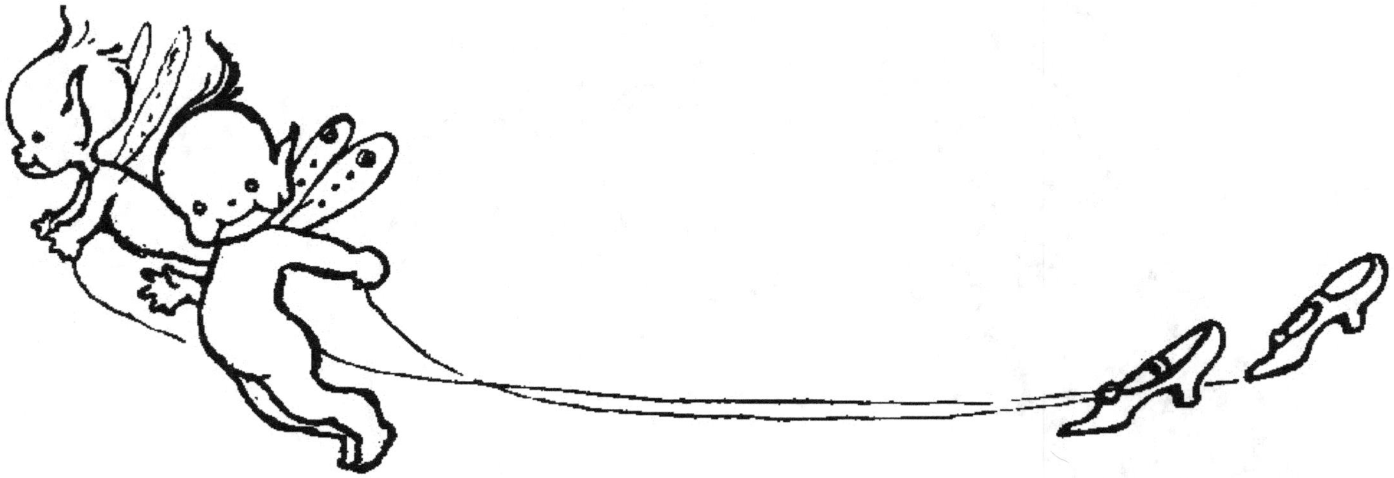

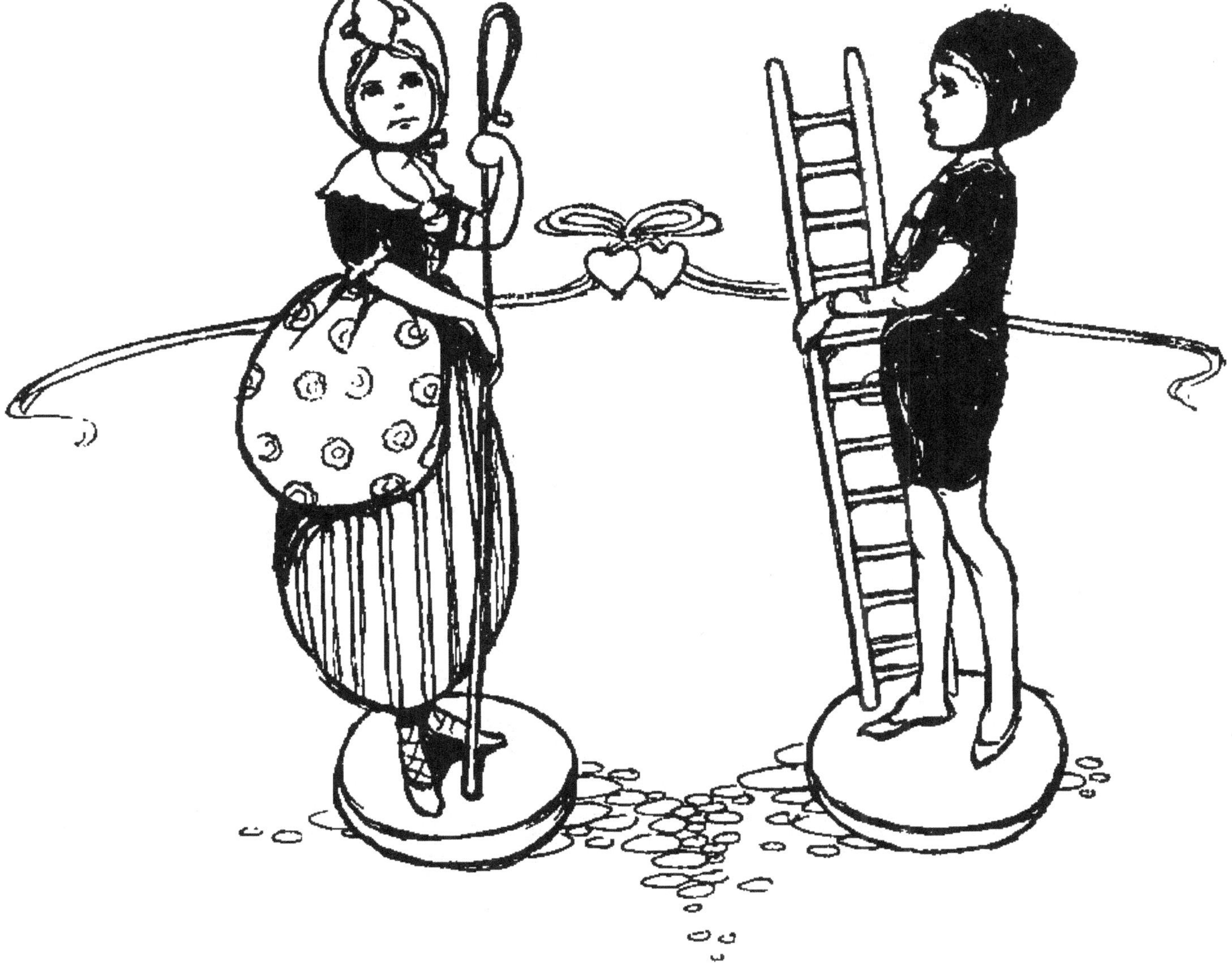

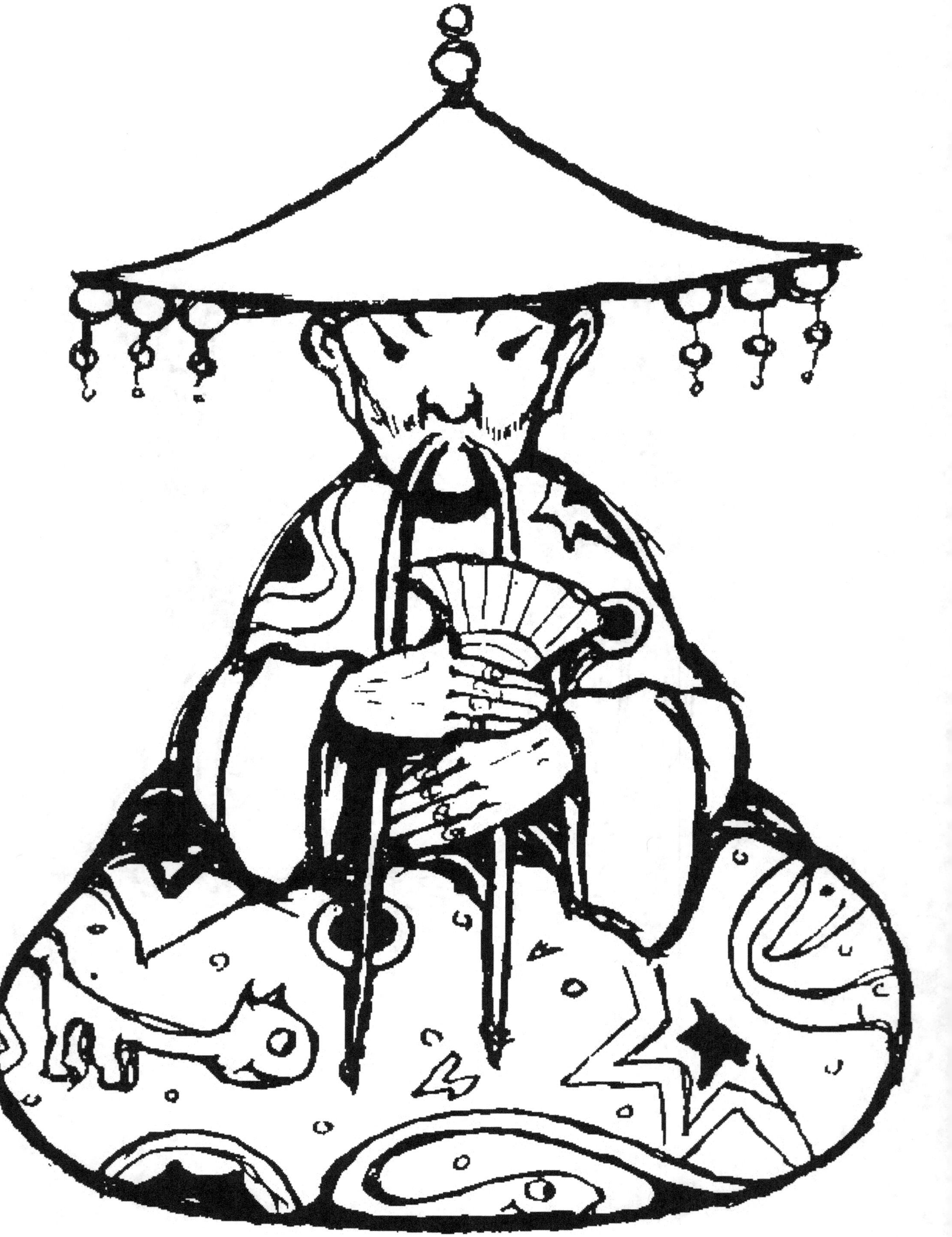

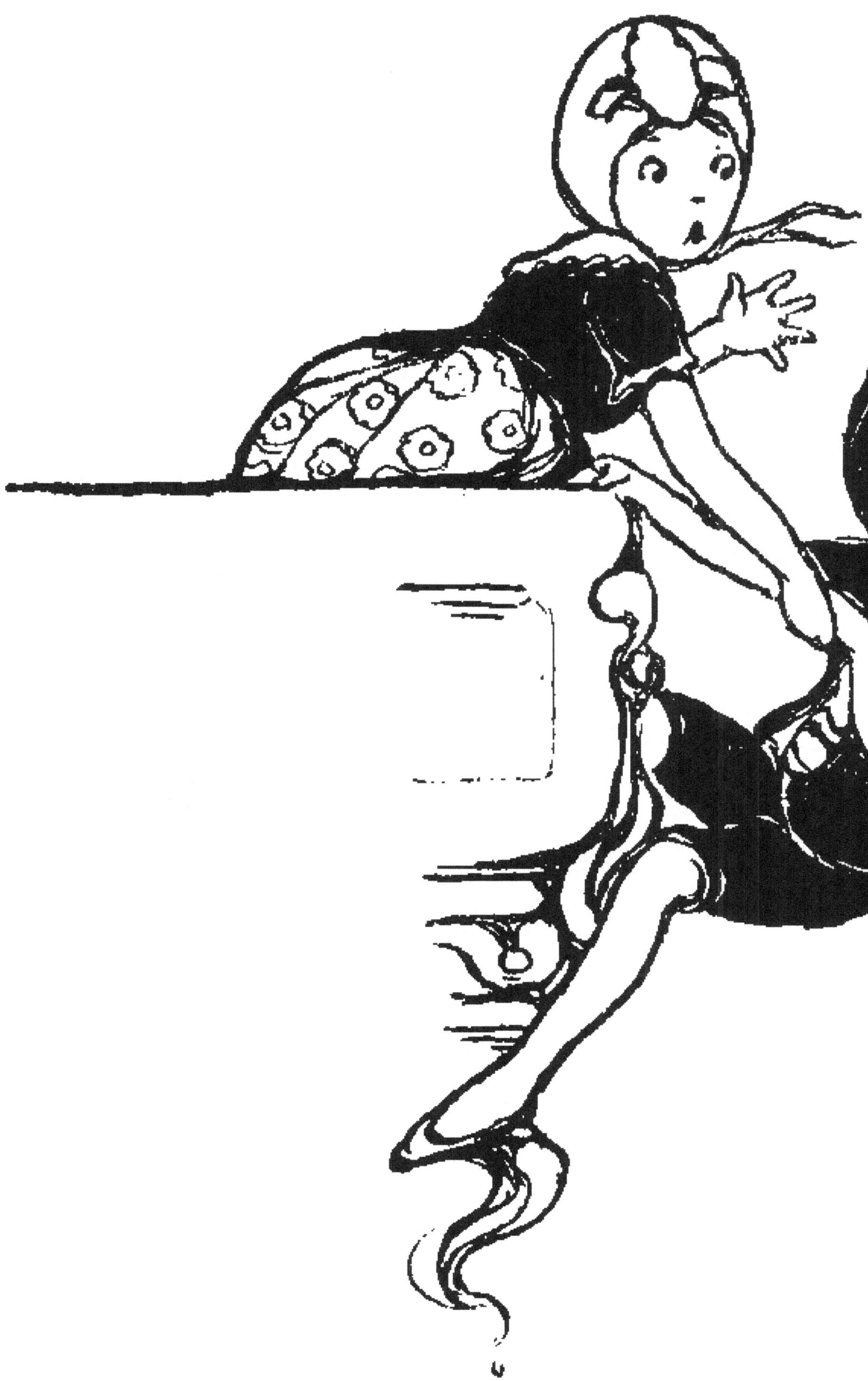

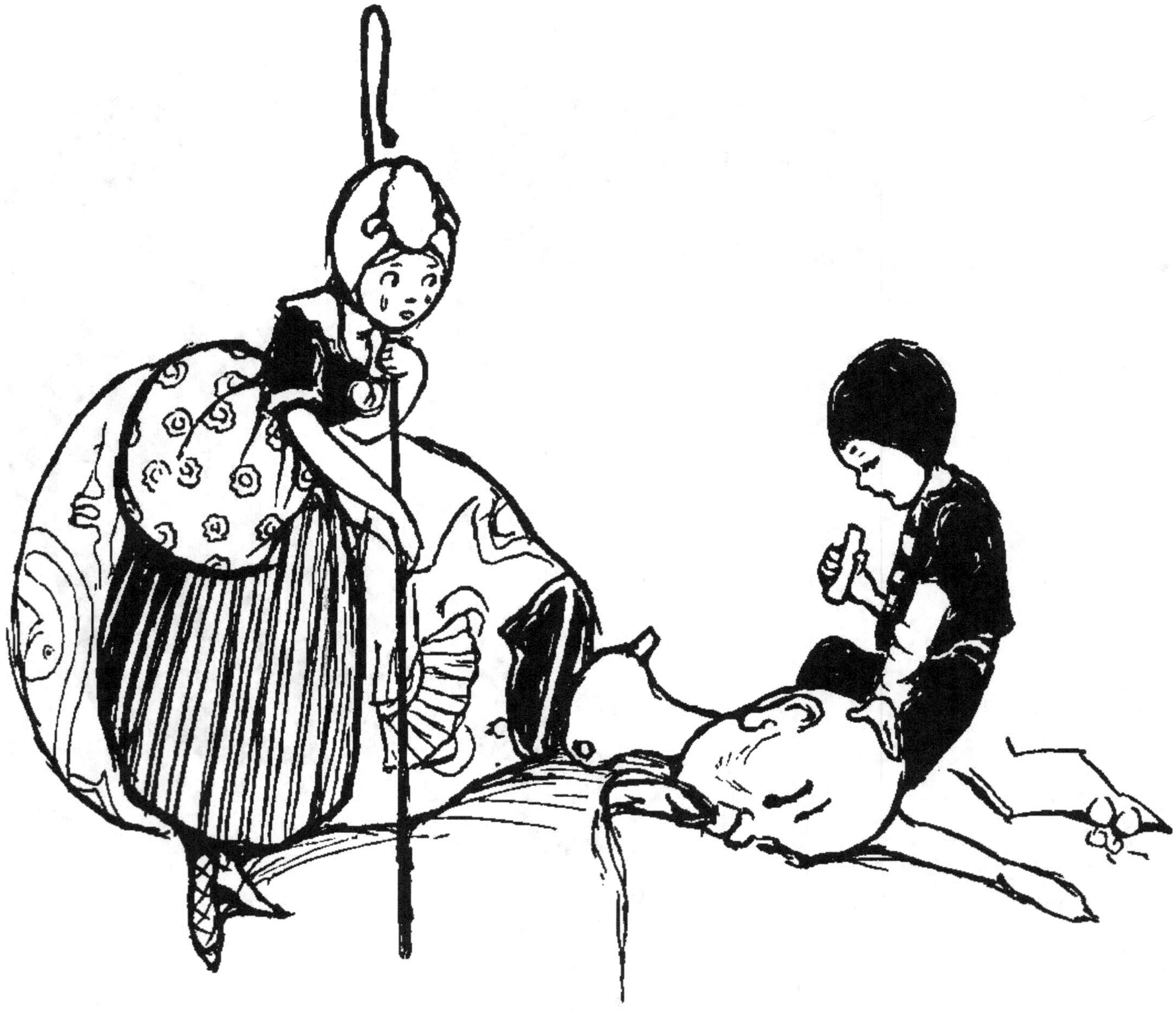

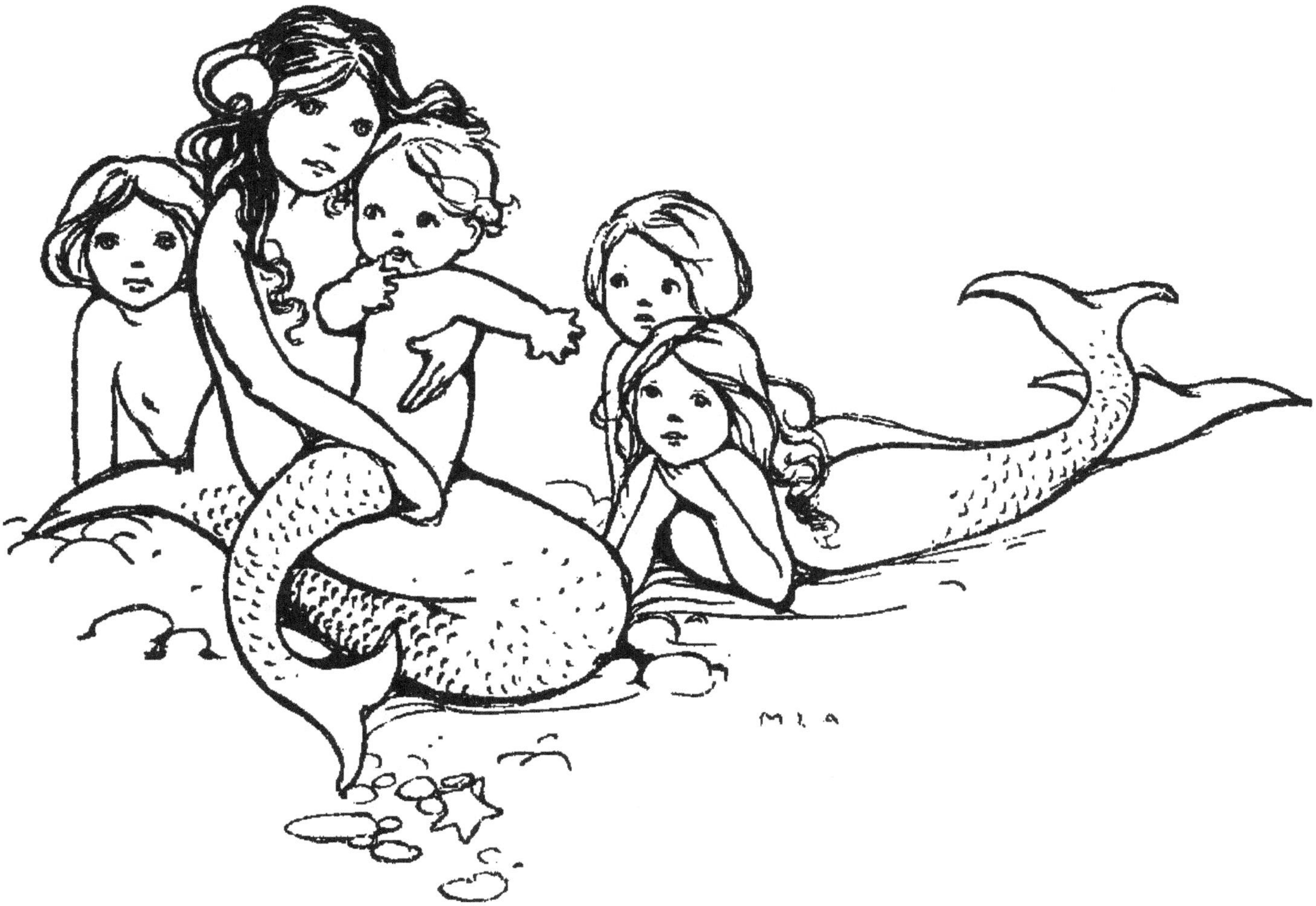

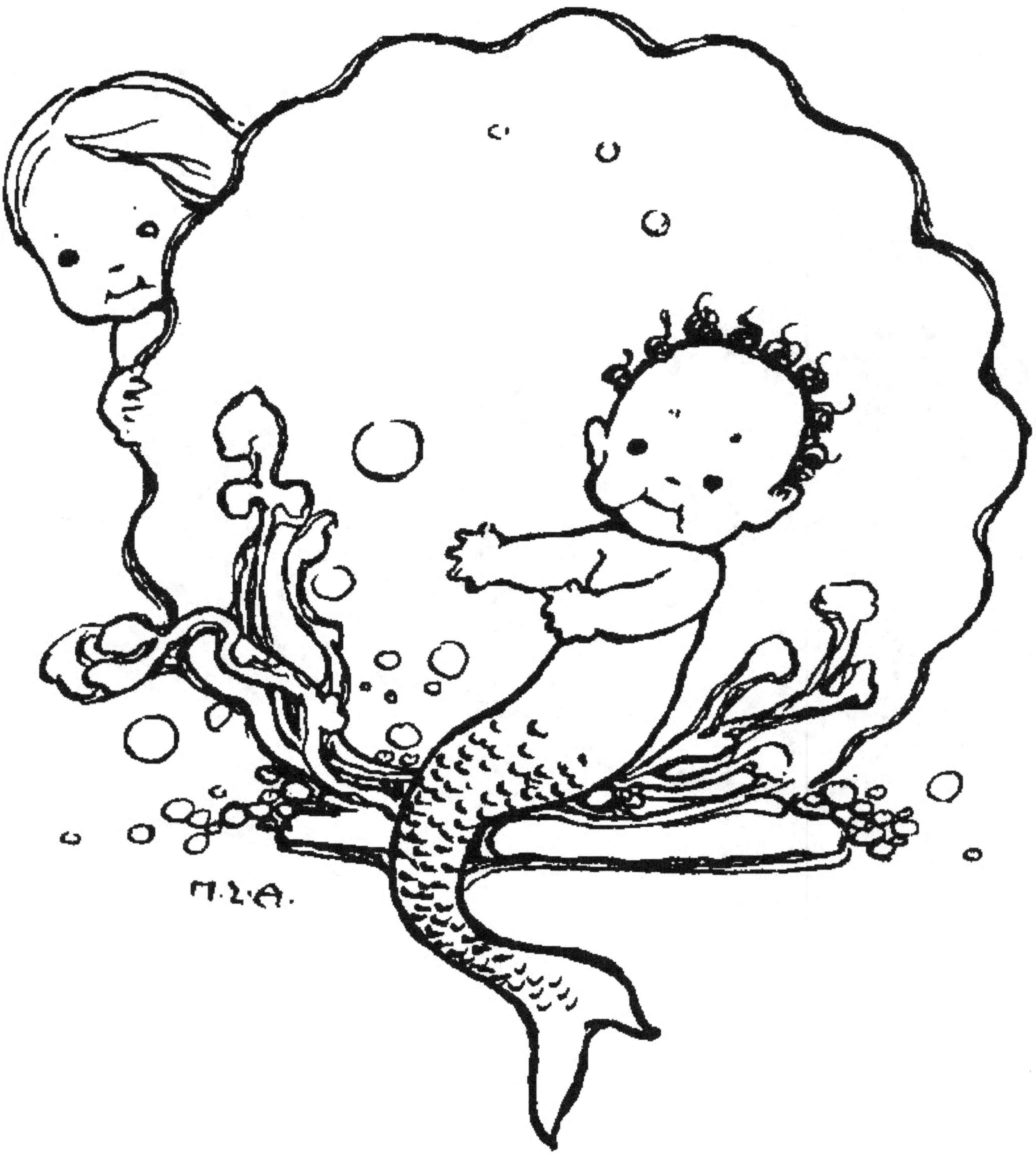
M.L.A.

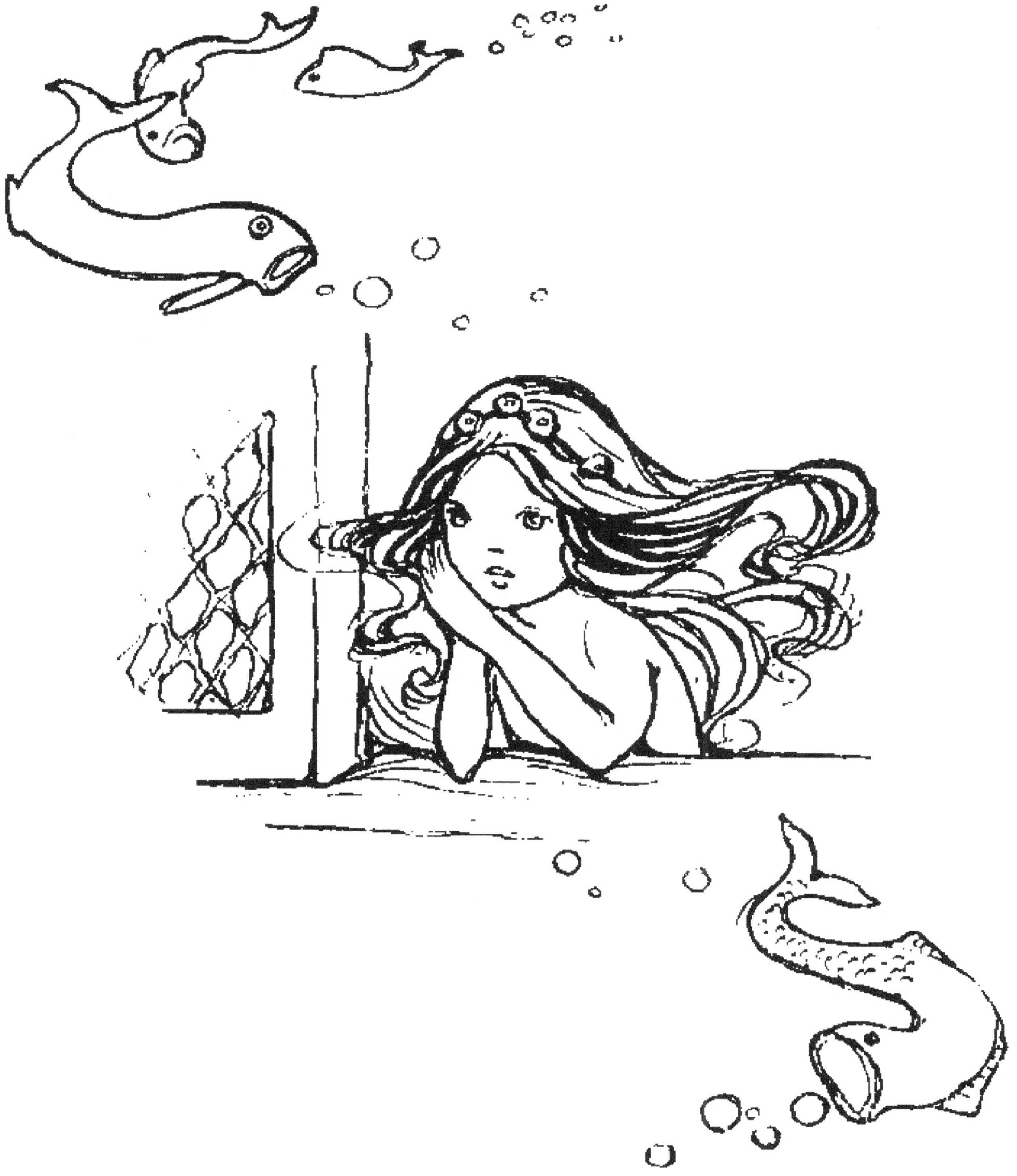

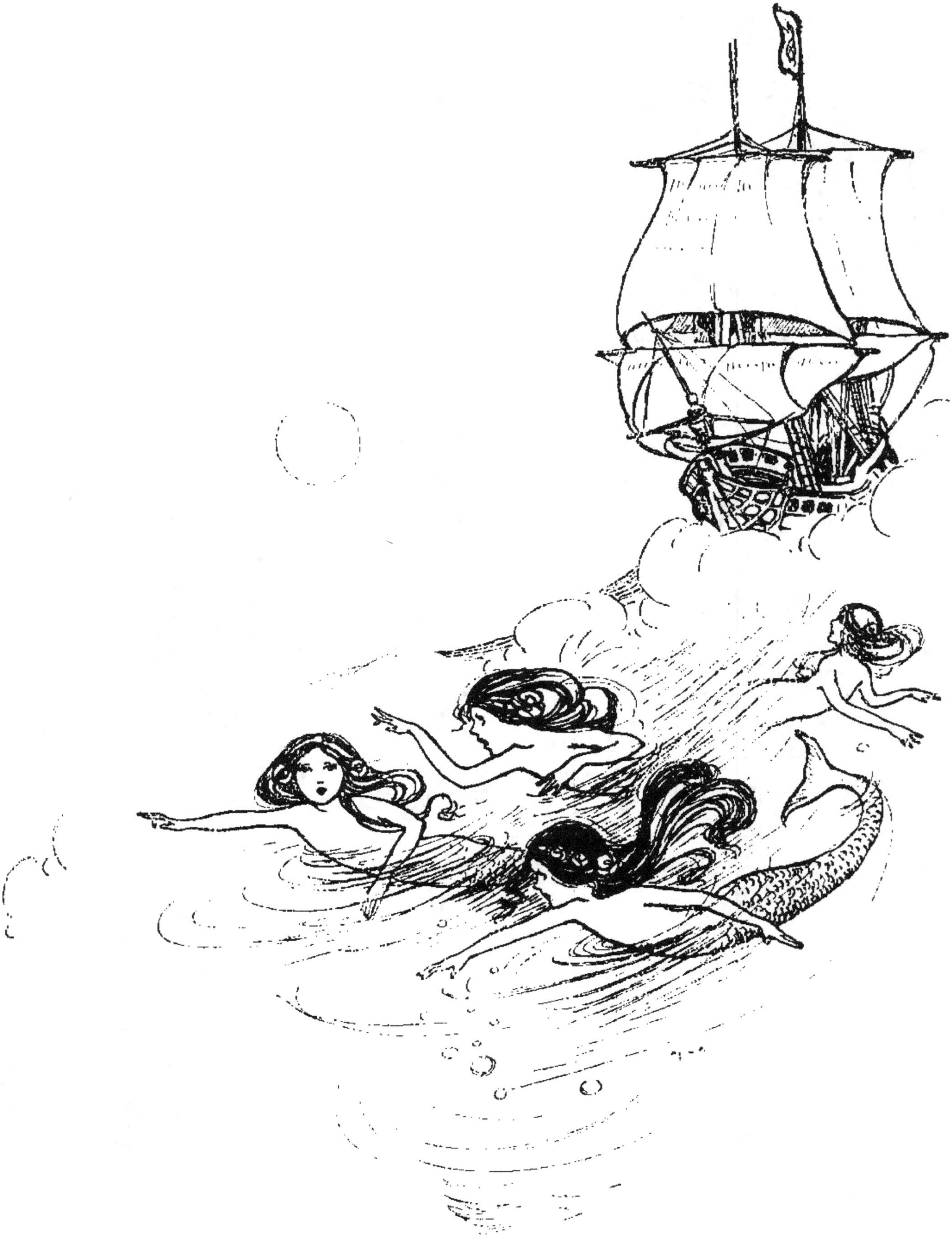

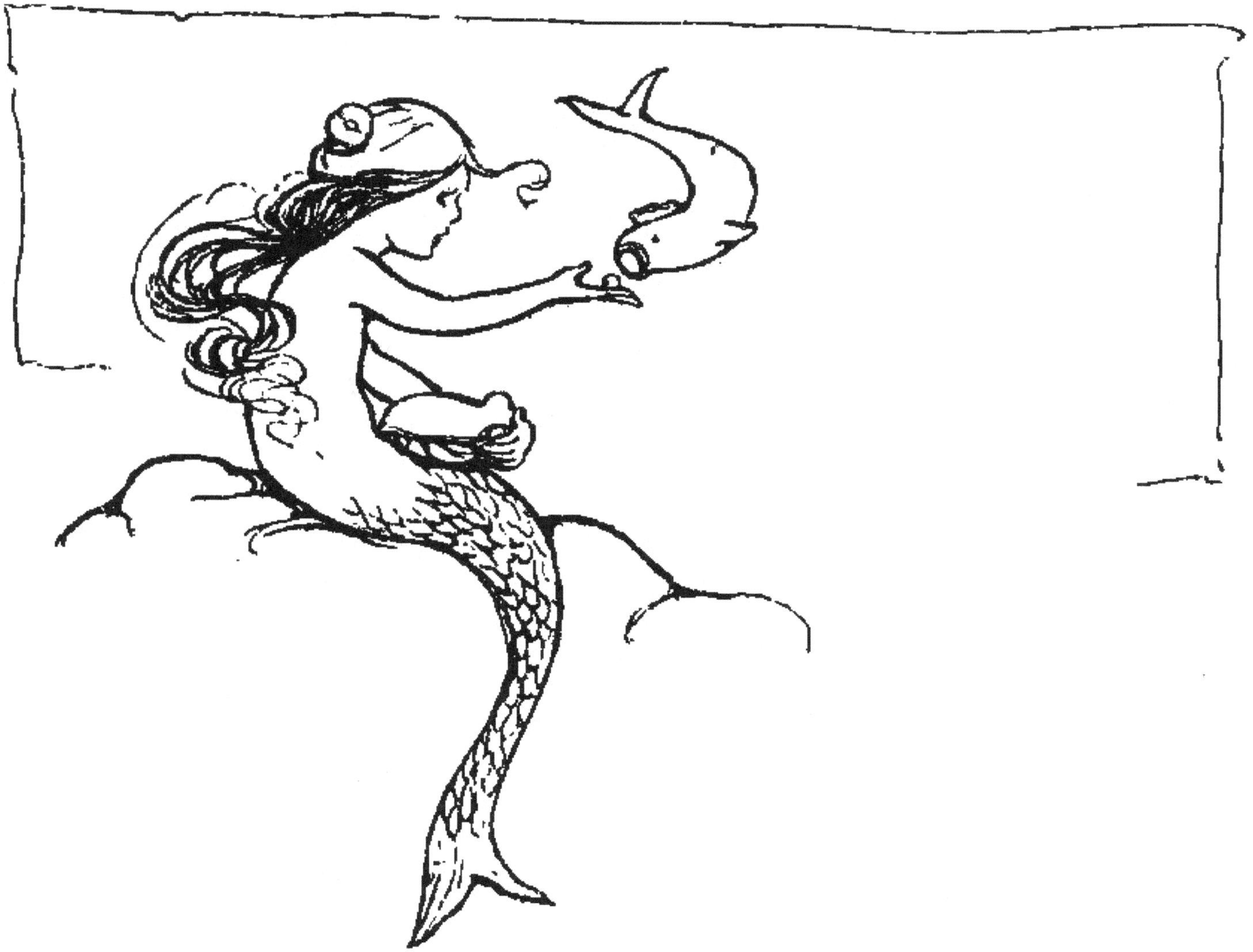

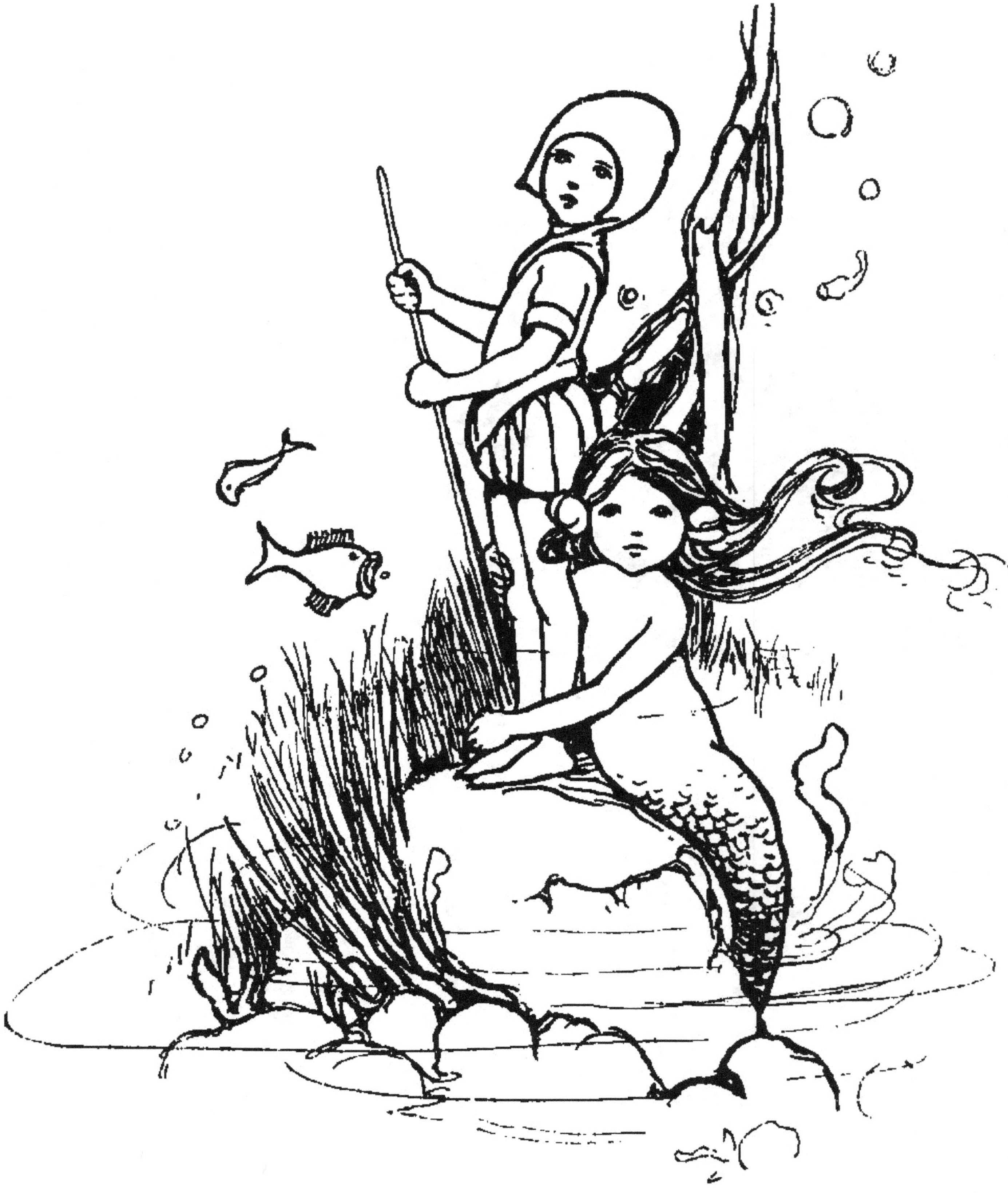

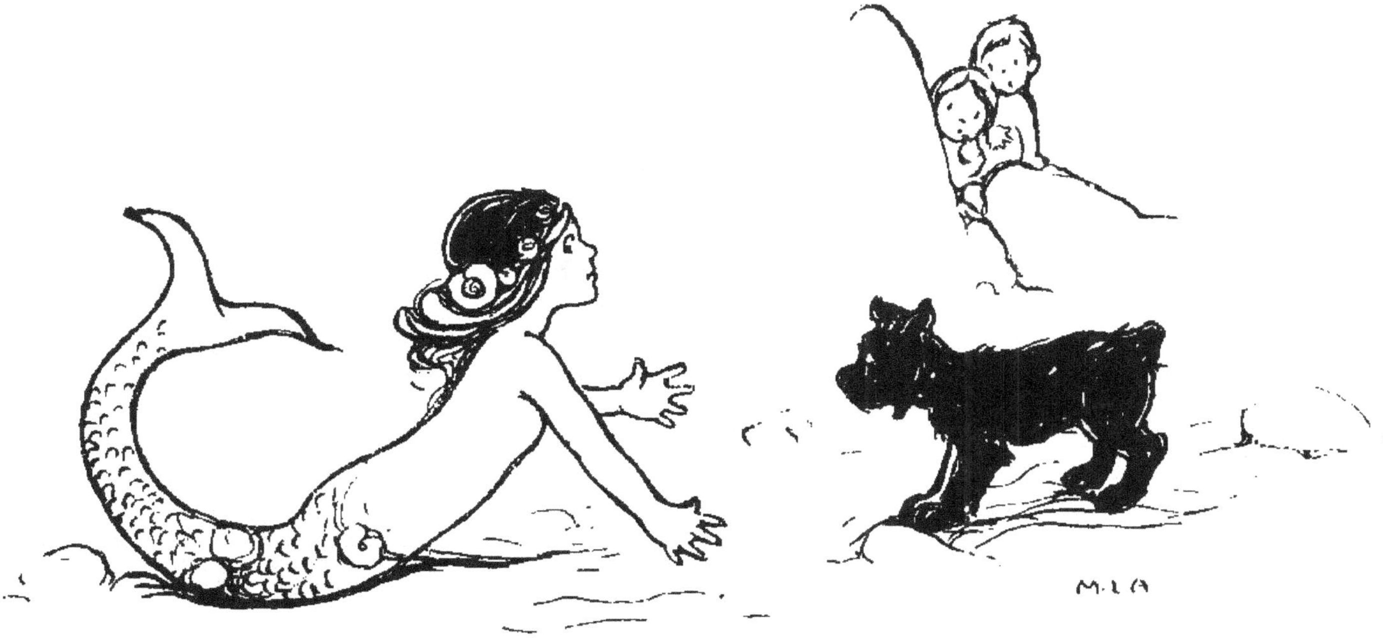
M.L.A

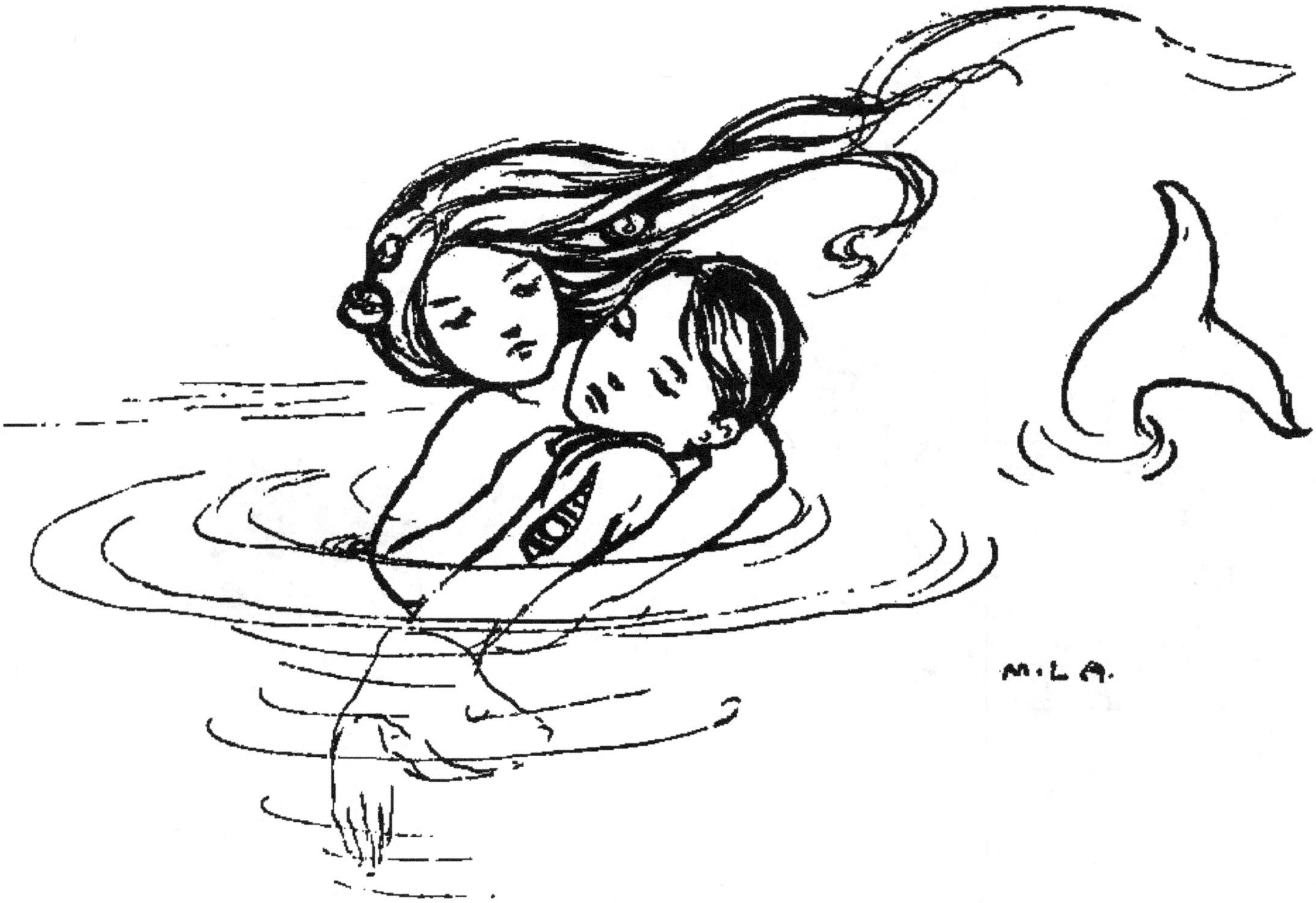
M.L.A.

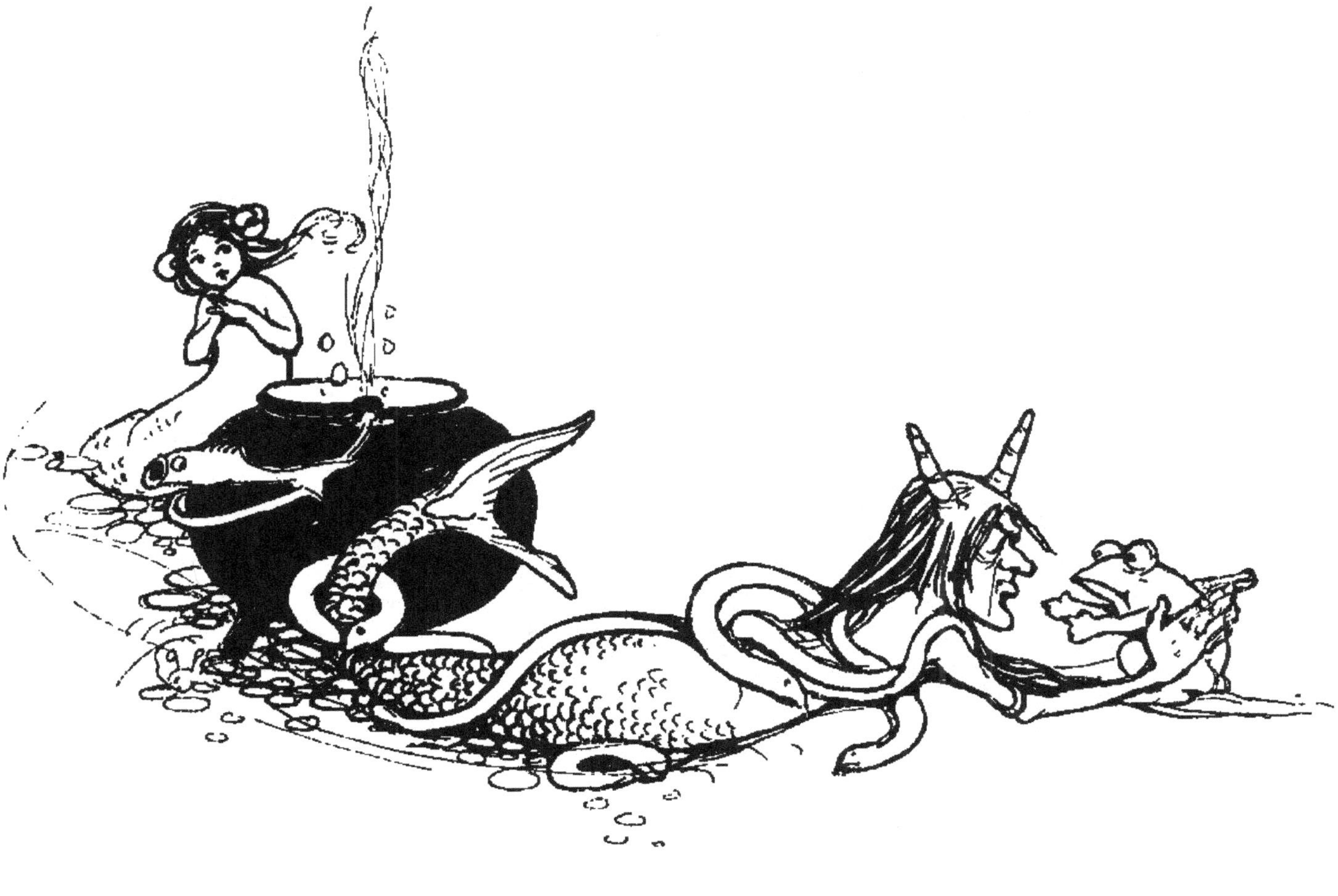

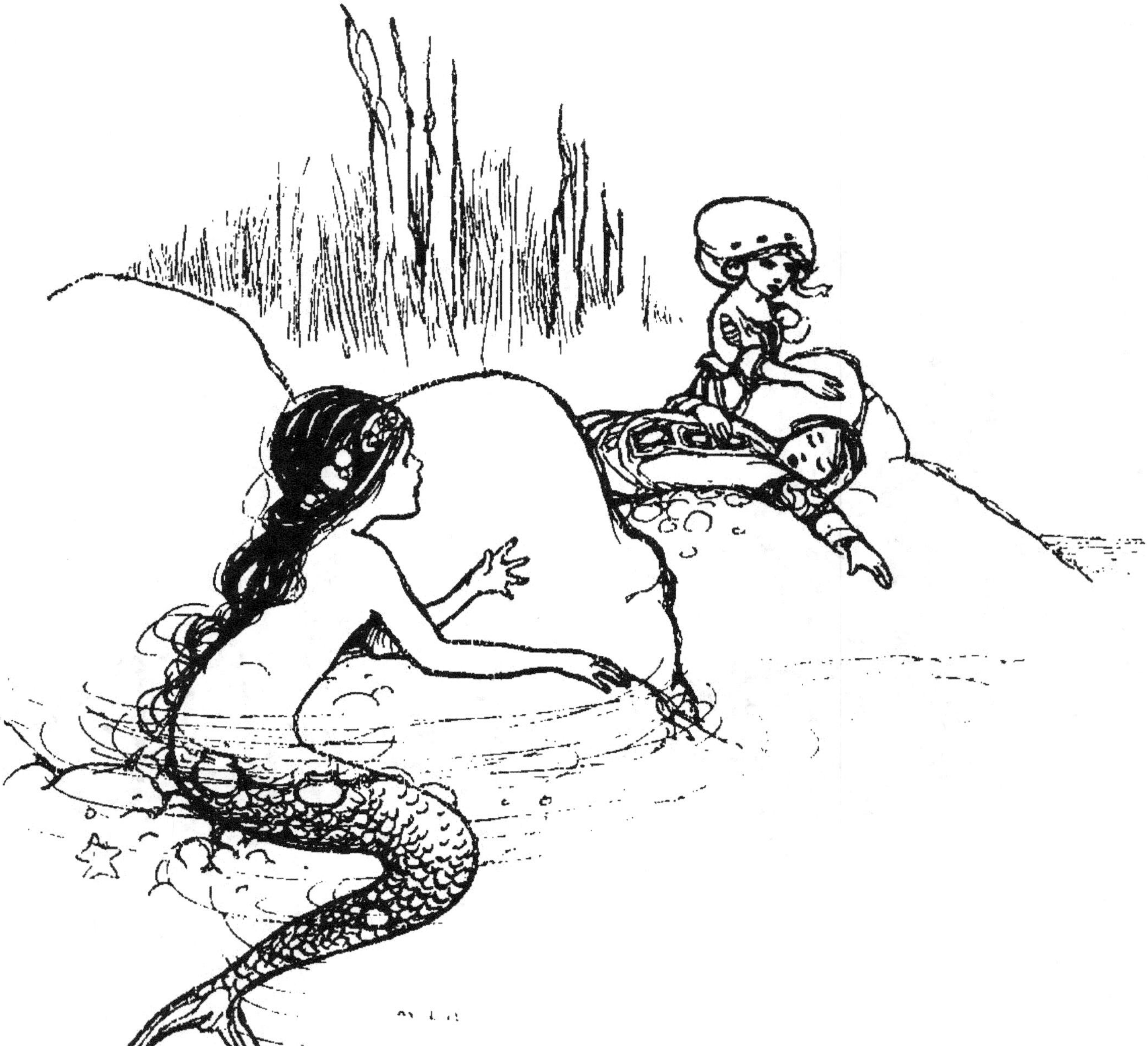

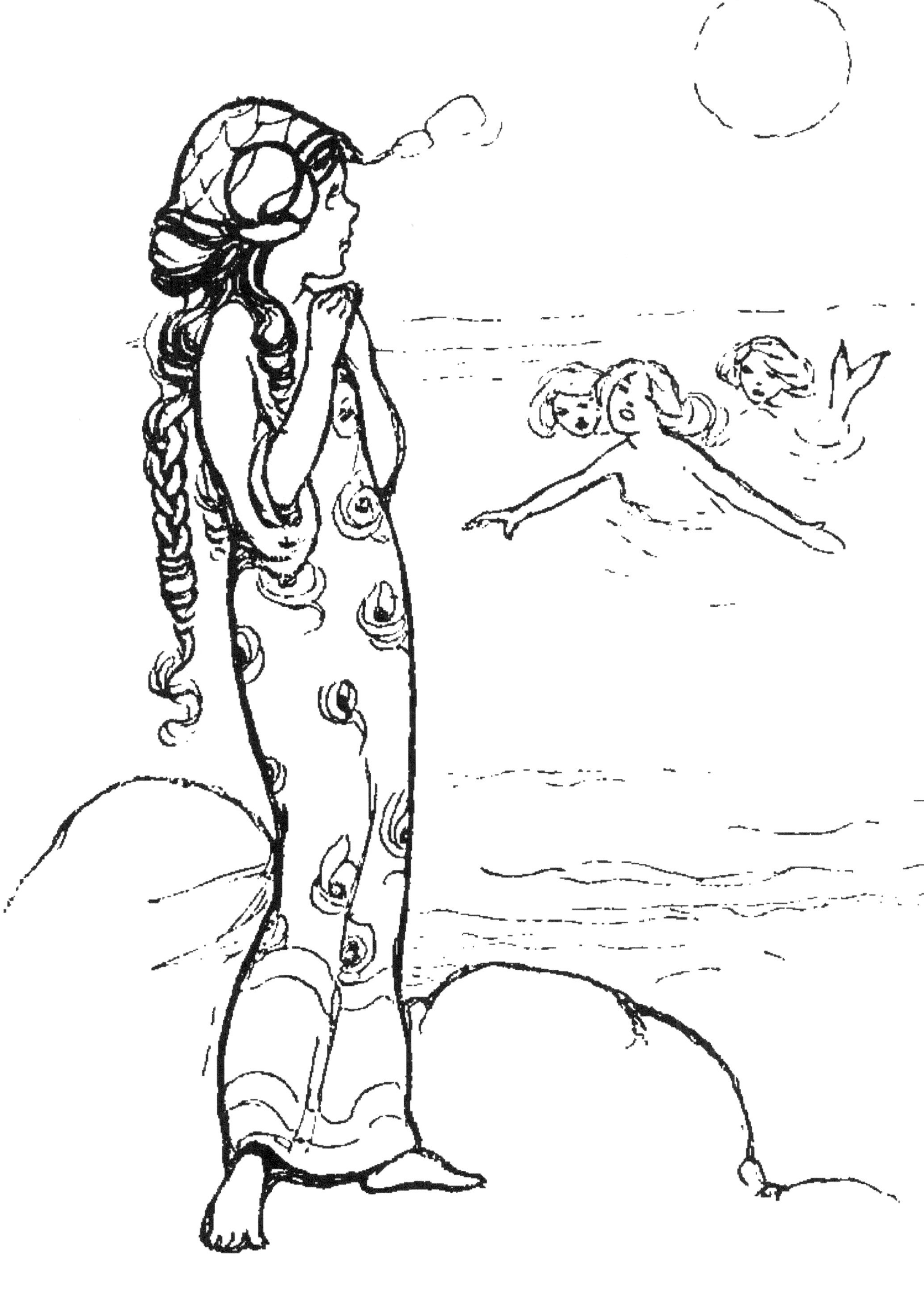

www.ingramcontent.com/pod-product-compliance
Lightning Source LLC
Chambersburg PA
CBHW082009230526
45468CB00023B/2970
* 9 7 8 1 7 2 0 9 4 9 7 1 8 *